Kleine Angelschule

Handbuch für Einsteiger

Hinweis

Alle in diesem Buch enthaltenen Angaben wurden von dem Autor nach bestem Wissen erstellt und von ihm und dem Verlag mit größtmöglicher Sorgfalt überprüft. Gleichwohl sind – wie wir im Sinne des Produkthaftungrechts betonen müssen – inhaltliche Fehler nicht vollständig auszuschließen. Daher erfolgen die Angaben etc. ohne jegliche Verpflichtung und Garantie des Verlages oder des Autors. Beide Seiten übernehmen keinerlei Verantwortung und Haftung für etwaige inhaltliche Unstimmigkeiten.

Gesamtherstellung: Naumann & Göbel Verlagsgesellschaft mbH, Köln
Autor: Benno Sigloch

ISBN 3-625-10362-1
www.naumann-goebel.de

Kleine Angelschule

Handbuch für Einsteiger

NAUMANN & GÖBEL

INHALT

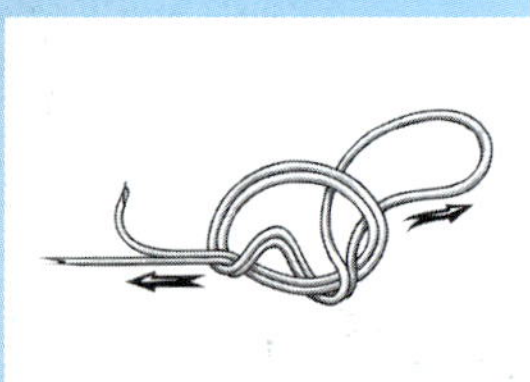

DAS SPANNENDSTE HOBBY DER WELT

Das Hobby Angeln kann man auf viele verschiedene Arten und Weisen ausüben. Schon allein diese Tatsache ist ziemlich spannend: Der eine findet seine Erfüllung an klaren Bächen, gefüllt mit schlanken Forellen, ein anderer fährt mit dem Kutter hinaus zum Dorsch, ein weiterer stellt alles an, um den Hecht, den Jäger mit dem zähnestarrenden Maul, zu jagen, und ein letzter in dieser Reihe sitzt womöglich tagelang die dicken Karpfen aus.

Angeln im Sonnenuntergang

Jeder von diesen Menschen wird im Hobby Angeln seine Erfüllung finden. Für jeden hält seine persönliche Art des Angelns eine ganz bestimmte Spannung bereit. Egal auf welchen Schuppenträger er es abgesehen hat, jeder wird dem Biss entgegenfiebern und wenn es dann so weit ist, steigt der Adrenalinspiegel gewaltig an. Ist es diesmal der Riese, auf den man schon so lange hofft? Aber auch wenn es kein Riese sein sollte, hat man seine Freude an jedem einzelnen gefangenen Fisch. Niemals darf man vergessen, dass man es mit Lebewesen zu tun hat, die einen schonenden Umgang verdient haben. Dies sollte man vor allem den Junganglern frühzeitig vermitteln. Denn so wird den Kindern und Jugendlichen schon früh die Achtung vor der Natur und der Umwelt nahe gebracht.

All die Erlebnisse, die man in der freien Natur hat, sind ganz besondere Ereignisse: der Eisvogel auf der Rutenspitze, der Biber am Flussufer oder der jagende Seeadler – nicht viele Menschen können von solchen Dingen berichten, aber wir Angler können es. Darum sollte man jeden Tag, den man angelnd am Wasser verbringen kann, genießen. Dabei ist es sogar egal, ob der Tag vom Fang eines Fisches gekrönt wurde, denn ein Tag in der freien Natur ist niemals ein verlorener Tag!

Trotzdem ist natürlich der Fang eines Fisches das Ziel unserer Anstrengungen und auch der Höhepunkt eines jeden Angeltags. Um Ihnen viele dieser Höhepunkte zu ermöglichen, habe ich dieses Buch geschrieben und möchte versuchen, Ihnen mit vielen Tipps und Ratschlägen zur Seite zu stehen. Dabei habe ich auf die Beschreibung allzu komplizierter Methoden verzichtet, um Ihnen die einfache Art des Fischfangs nahe zu bringen, und hoffe sehr, dass Ihnen die Ratschläge, die Sie in diesem Buch finden, jederzeit nützlich sein werden.

Der Fang eines schönen Fisches ist der Höhepunkt eines Angeltags.

DAS ANGELGERÄT

Angelruten

Schon in den Kursen zur Fischerprüfung lernt man viel über die Grundausstattung. Ist die Prüfung erst einmal bestanden, steht man aber vor der praktischen Umsetzung des Gelernten. Darum möchte ich Ihnen auf den nächsten Seiten helfen, Ihre erste Ausrüstung zusammenzustellen. Was benötigen wir also zum Angeln? Natürlich denkt man da zuallererst an eine Rute, eine passende Rolle, die richtige Schnur und die gewünschte Montage. Dabei kann die Montage verschieden aufgebaut sein, entweder besteht sie aus Pose (Schwimmer) und Schrotblei oder aber aus einem Grundblei, welches – wie der Name schon sagt – die Mon-

Angeln Sie mit einem guten Freund, dann ist alles doppelt so schön!

tage auf den Grund des Gewässers befördern soll. Aber ganz egal wie Ihre Montage aussehen soll, Haken und Köder benötigen Sie in jedem Fall.

Beginnen möchte ich mit der Angelrute, die man auch den verlängerten Arm des Anglers nennt. Die Technik im Bereich Angelruten hat eine rasante Entwicklung vollzogen. Vor noch gar nicht langer Zeit zogen alle Angler mit den typischen Bambusruten los. Was waren dann die Vollglas- oder Fieberglasruten für eine Revolution! Heute gibt es dagegen fast nur noch Kohlefaserruten, häufig verfeinert durch die zusätzliche Kombination mit Kevlar oder Siliconcarbid.

Teleskopruten gibt es in den verschiedensten Varianten.

Natürlich gibt es viele verschiedene Ruten, die sich aber grob in vier Kategorien einteilen lassen: Grundruten, Spinnruten, Bootsruten und Fliegenruten. Als Anfänger sollten Sie natürlich nicht unbedingt mit einer Fliegen- oder Bootsrute beginnen. Die richtige Rute für Sie ist eine Rute, mit der Sie das Posenangeln genauso gut wie das Grundangeln betreiben können und mit der Sie außerdem auch noch spinnfischen können.

Damit man die richtige Rute für sich findet, sollte man einige Merkmale betrachten, die eine Angelrute ausmachen. Beginnen wir mit einem sehr wichtigen Merkmal, und dies ist natürlich die

Länge. Einsteigerruten sollten eine Länge von 3,00–3,30 Meter haben. Wenn man sich jetzt überlegt, wie man mit solch einer langen Rute ans Wasser kommen soll, ist eines klar: Das Transportmaß muss irgendwie verringert werden. Deshalb sind alle Angelruten unterteilt. Teleskopruten bestehen aus mindestens vier Teilen, Steckruten aus wenigstens zwei Teilen. Der Begriff Teleskoprute kommt daher, dass man die einzelnen Teile teleskopartig ineinander schieben kann. Die Bezeichnung Steckrute bedeutet dementsprechend, dass die einzelnen Teile zusammengesteckt und anschließend wieder getrennt werden können.

Eine Teleskoprute lässt sich durch die mehrfache Unterteilung sehr klein zusammenschieben und hat dadurch ein viel geringeres Transportmaß als eine Steckrute. Deshalb kann man sagen, Teleskopruten lassen sich besser transportieren. Die Steckrute jedoch hat andere Vorteile: Steckruten bestehen meist aus zwei Teilen, höchstens jedoch aus drei Teilen. Das bedeutet, dass eine Steckrute weniger unterteilt ist als eine Teleskoprute – und dadurch hat man bedeutend bessere Drilleigenschaften. Die Kaufentscheidung ist also tatsächlich Geschmackssache, denn Sie müssen überlegen, ob Ihnen das Transportmaß oder die besseren Drilleigenschaften wichtiger sind. Jugendliche beispielsweise, die oftmals mit dem Rad ans Wasser fahren, sollten sich für die geringe Transportlänge und somit für die Teleskoprute entscheiden. Ich persönlich fische inzwischen ausschließlich mit Steckruten, aber ich habe auch ein großes Auto. Eines kann ich Ihnen jedoch versichern: Fische fangen Sie mit beiden Ruten.

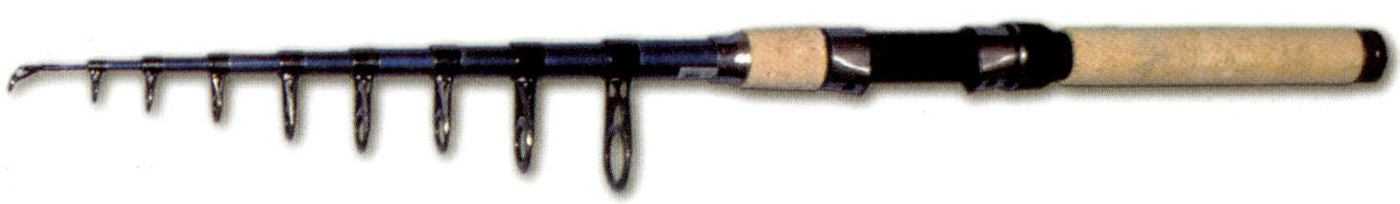

Eine zusammengeschobene Teleskoprute hat ein extrem kleines Transportmaß und passt in jede Tasche.

An Krautfeldern sollten die Ruten steil aufgestellt werden.

Kommen wir zum nächsten Merkmal einer Angelrute, den Ringen. Die so genannten Schnurringe können besonders hochbeinig sein oder aber auch direkt an der Rute sitzen. Es gibt Einsteg-Ringe und auch Zweisteg-Ringe. Welche Ringe die besseren sind, ist schwer zu sagen, denn es kommt darauf an, welche Angeltechnik man mit seiner Rute ausüben möchte. Will man zum Beispiel ausschließlich mit der Pose fischen, sollte man hochbeinige Zweisteg-Ringe verwenden, da die Hochbeinigkeit das Festkleben der nassen Schnur an der Rute verhindert und Zweisteg-Ringe einfach deutlich langlebiger sind als andere. Daher bin ich der Meinung, dass auch der Einsteiger lieber eine Rute mit Zweisteg-Ringen wählen sollte. Und da die erste Rute eine Allroundrute darstellen soll, sind alle anderen Ringmerkmale nicht so wichtig. Viel wichtiger ist, dass die Rute am besten mindestens über fünf Ringe verfügt und diese auch sauber gewickelt und lackiert sind.

Abschließend kann man Folgendes zum Thema Angelrute zusammenfassen: Ihre erste Angelrute sollte über eine mittlere Aktion verfügen, ein Wurfgewicht von 20–80 Gramm haben und mindestens fünf Ringe besitzen. Langbeinige Zweisteg-Ringe sollten Sie bevorzugen. Ob Sie sich dann für eine Steck- oder eine Teleskoprute entscheiden, ist Ihrer persönlichen Vorliebe überlassen.

Angelrollen

Angelrollen kann man grundsätzlich in vier verschiedene Typen einteilen: Multirollen, Fliegenrollen, Kapselrollen und Stationärrollen. Es gibt zwar noch einige Rollen mehr, aber die haben für Einsteiger keine Bedeutung. Genauso werde ich hier keine Fliegenrollen genauer erklären, denn erstens ist für eine Einführung in das Fliegenfischen ein eigenes Buch notwendig und zweitens ist das Fischen mit der Fliege mit Sicherheit nicht der bestmögliche Einstieg in das Hobby Angeln. Für den Anfänger gibt es also nur eine optimale Wahl – und das ist die Stationärrolle. Zusätzlich ist sie die am meisten verwendete Rolle der Welt. Dies liegt unter anderem daran, dass man mit dieser Rolle – abgesehen vom Fliegenfischen – jede Angeltechnik praktizieren kann.

Zwei Stationärrollen: oben eine kleine Freilaufrolle, unten eine Rolle zum Spinnfischen

Natürlich haben auch die Angelrollen Merkmale, die man genau beachten sollte. Dazu gehört das Schnurfassungsvermögen der Spule, das immer auf der Spule angegeben ist. Empfehlen möchte ich Ihnen ein Fassungsvermögen von 100 Metern 0,40-Millimeter-Schnur. Bei einem solchen Fassungsvermögen bekommen Sie auch ausreichend Schnur für das Hecht- oder Karpfenangeln, beispielsweise eine 0,35-Millimeter-Schnur, auf die Spule. Ist die Schnur dünner als angegeben, bekommen Sie natürlich um so mehr Schnur auf die Spule – und ein ausreichender Puffer ist immer von Vorteil. Damit sind wir schon beim Thema Ersatzspule. Verfügt Ihre Rolle über eine Ersatzspule, können Sie eine Spule beispielsweise mit 0,35-Millimeter-Schnur füllen, um auf größere Schuppenträger Jagd zu machen, und eine Rolle mit 0,25-Millimeter-Schnur, um Rotaugen oder Forellen nachzustellen.

Multirolle: Solch eine Rolle findet beim schweren Meeresangeln Verwendung.

Freilaufrollen im Einsatz

Ein weiteres wichtiges Merkmal ist das Laufverhalten. Damit ist das Verhalten der Rolle beim Kurbeln gemeint. Wenn Sie das Gefühl haben, dass die Rolle stockend läuft oder sogar wackelt, dann lassen Sie diese Angelrolle besser liegen, denn es ist gerade beim Drill eines kapitalen Fisches enorm wichtig, dass die Rolle ruhig und gleichmäßig arbeitet. Für das Laufverhalten einer Angelrolle ist das Zusammenspiel von Gehäuse, Getriebe, Rotor und Spule verantwortlich. Wie dies funktioniert und wie die einzelnen Teile aufgebaut sind, müssen Sie dabei gar nicht unbedingt wissen. Versuchen Sie nur darauf zu achten, dass Sie bereits im Geschäft feststellen können, ob die Rolle gleichmäßig und ruckelfrei arbeitet. Nach Möglichkeit sollte im Preis gleich eine Ersatzspule inbegriffen sein.

Auf einer Ersatzspule können Sie eine Schnur mit abweichendem Durchmesser mit ans Wasser nehmen.

Das wichtigste Merkmal einer guten Angelrolle ist aber die Bremse. Es gibt Heck- und Frontbremsen. Die eine sitzt am Kopf der Rolle, die andere am hinteren Ende. Mit welcher Art Bremse sie fischen, bleibt Ihnen überlassen, denn an sich geht es nur darum, welche Bremse Sie persönlich besser handhaben können. Sehr wichtig ist jedoch, dass Ihre Rollenbremse ruckfrei anspringt und ebenso ruckfrei arbeitet. Denn sicher können Sie sich vorstellen, wie heftig der Haken im Maul eines Fisches arbeitet, wenn die Bremse permanent ruckelt. Die Bremswirkung lässt sich vor dem Kauf recht einfach testen, indem Sie gegen die eingestellte Bremse an der Spule drehen.

Das letzte Merkmal, welches Sie beachten sollten, ist das Schnurlaufröllchen. Dieses Röllchen finden Sie am Schnurfangbügel. Es sorgt dafür, dass die Schnur gleichmäßig von der Rolle und

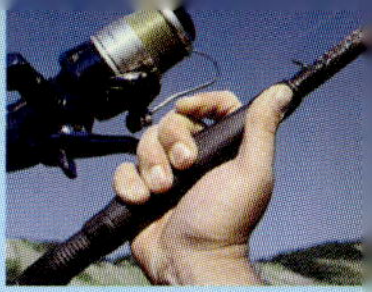

später wieder auf die Rolle kommt. Dabei unterscheidet man bewegliche und feste Röllchen. Achten Sie beim Kauf einer Rolle bitte darauf, dass die Oberfläche des Schnurlaufröllchens so glatt wie möglich ist, denn von einer rauen Oberfläche des Schnurlaufröllchens wird die Schnur selbst sehr schnell angegriffen.

Zusammenfassend kann man zum Thema Angelrolle Folgendes sagen: Ihre erste Rolle sollte auf jeden Fall eine Stationärrolle sein. Achten Sie auf ein ruhiges Laufverhalten. Die Bremse sollte unbedingt ruckfrei arbeiten. Eine Einsteigerrolle sollte über eine Schnurfassung von ungefähr 100 Metern 0,40-Millimeter-Schnur verfügen. Kaufen Sie nach Möglichkeit eine Rolle mit Ersatzspule. Prüfen Sie, ob das Schnurlaufröllchen eine glatte Oberfläche besitzt.

Blick in das Innere einer Stationärrolle

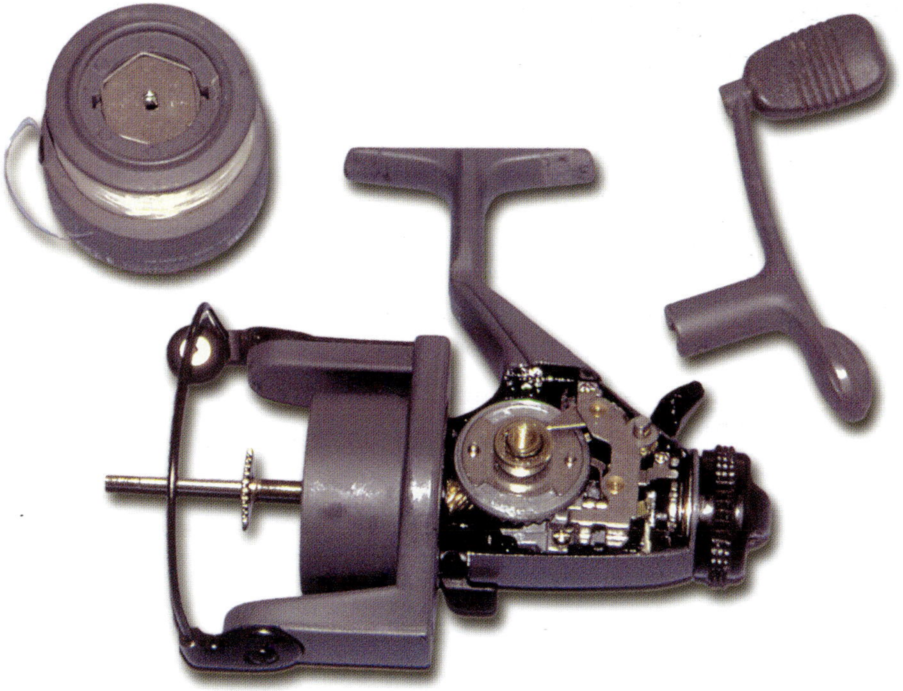

Angelschnüre

Damit sind wir auch schon beim Thema Schnur. Bei der Angelschnur unterscheidet man zwischen Hauptschnur und Vorfach. Die Hauptschnur hat an der gesamten Schnur natürlich den größeren Anteil, weswegen ich auch zuerst die Hauptschnur erläutere. Heutzutage gibt es viele verschiedene Materialien, aus denen Schnüre hergestellt werden. Grundsätzlich sind es jedoch nur zwei große Kategorien: einerseits die so genannten Monofilschnüre, die aus nur einem einzigen Kunststofffaden bestehen, und andererseits die geflochtenen Schnüre, auch Multifilschnüre genannt, die aus mehreren Fäden gefertigt sind. Das Material dieser Fäden nennt man Dyneema. Die einzelnen Fäden werden zu einer Schnur geflochten. Dabei wird darauf geachtet, dass das Geflecht so rund wie möglich ist.

Multifile und monofile Schnur: links multifil, rechts monofil

Geflochtene Angelschnüre gibt noch gar nicht allzu lange. Ihr großer Vorteil ist die gewaltige Tragkraft bei sehr geringem Schnurdurchmesser. Tragkraft ist wieder einer dieser Richtwerte, die von den Herstellern angegeben werden. Sie finden die Angabe auf der Verpackung der Schnur. Ich persönlich nutze die Tragkraft nur selten als wichtigen Hinweis für eine Schnur, denn diese Angaben sind nachweislich sehr fehlerhaft und außerdem haben Schnüre von gleichem Durchmesser häufig eine derartig unterschiedliche Tragkraft, dass das Ganze unglaubhaft wird. Ein weiteres Merkmal der geflochtenen Schnur ist die fehlende Dehnbarkeit. Im Drill ist diese Eigenschaft jedoch nicht unbedingt von Nutzen, da dehnbare Schnüre

Fertigvorfächer mit unterschiedlichem Schnurdurchmesser und verschiedenen Haken

einen Puffer schaffen, der für den Drill oft sehr wichtig ist. Trotzdem gibt es Anwendungsgebiete, die speziell für geflochtene Schnüre große Vorteile bieten. Entsprechend werde ich bei den einzelnen Angeltechniken noch gesondert auf die Schnüre eingehen.

Selbst gebundenes Vorfach mit Mais am Haar

Kommen wir nun zum Vorfach, das immer etwas dünner als die Hauptschnur sein muss. Durch diesen Umstand entsteht eine Sollbruchstelle, die nicht nur gewollt, sondern auch sehr wichtig ist. Stellen Sie sich vor, dass mitten im Drill plötzlich die Schnur erschlafft. In diesem Fall ist es einfach besser, wenn der Fisch nur das Vorfach abgerissen hat, denn dadurch hat er maximal einige Zentimeter Schnur im Maul und schleppt nicht mehrere Meter davon mit sich herum – ganz abgesehen vom eventuell sehr schweren Blei. Das Gleiche gilt übrigens ebenfalls bei einem Hänger. In diesem Fall ist es auch für Sie als Angler sicher von Vorteil, nur die ers-

Gerade vor der Landung eines Fisches muss die Schnur viel aushalten.

ten Zentimeter ihrer Schnur verloren zu haben. Mit einem dünnen Vorfach kann zusätzlich die Köderpräsentation viel feinfühliger vorgenommen werden, denn manche Fische haben eben doch eine gewisse Schnurscheu.

Ich empfehle daher ein Vorfach, das 0,05 Millimeter dünner ist als die Hauptschnur. Im Fachhandel gibt es für jeden Zielfisch spezielle Fertigvorfächer zu kaufen. Hierbei sind Durchmesser und Hakengröße bereits auf die zu erwartende Beute zugeschnitten. Selbstverständlich bietet aber die Eigenfertigung von Vorfächern einige Vorteile, denn so können Sie bei Durchmesser, Länge und auch Hakengröße viel mehr variieren. Für den Anfang reicht meiner Meinung nach jedoch ein Fertigvorfach völlig aus.

Die Angelschnur ist die einzige Verbindung zwischen Fisch und Angler und muss allen Belastungen standhalten. Aus diesem Grund sollte es für Sie zu einer wichtigen Gewohnheit werden, immer wieder zu prüfen, ob die Schnur noch in Ordnung ist. Diese Kontrolle ist relativ einfach. Nehmen Sie die Schnur an den zu prüfen-

den Stellen einfach zwischen Zeigefinger und Daumen und fahren Sie an der Schnur herab; sollte sich das rau anfühlen, ist die Zeit für einen Schnurwechsel gekommen. Fühlen Sie kleine Knötchen in der Schnur – ebenfalls wechseln! Hatten Sie einen heftigen Hänger und mussten sogar einen schweren Gegenstand mit an Land ziehen – ebenso die Schnur austauschen! Regelmäßiger Schnurwechsel ist einfach nötig. Dies ist im Übrigen nicht nur eine Sicherheit für Sie, sondern auch für den Fisch, denn wir Angler sollten ebenfalls dafür Sorge tragen, dass die Fische nicht mit vielen Metern Schnur im Maul herumschwimmen müssen. Wie oft Sie die Schnur wechseln, hängt natürlich zusätzlich davon ab, wie häufig Sie angeln. Eine grundlegende Empfehlung ist jedoch der jährliche Wechsel, denn auch bei Nichtbenutzung altert die Schnur im Lauf der Zeit.

Für den Fang eines solch kapitalen Graskarpfens muss die gesamte Ausrüstung in Ordnung sein.

Grundsätzlich lässt sich zu Angelschnüren also sagen: 100 Meter der von Ihnen gewählten Schnur, egal mit welcher Tragkraft oder mit welchem Durchmesser, müssen auf jeden Fall auf Ihre Rolle passen. Achten Sie immer darauf, dass sie jederzeit unbeschädigt ist. Vorfächer sollten 0,05 Millimeter schwächer sein als die Hauptschnur.

Haken und Wirbel

Haken und Wirbel sind wichtige Kleinteile für eine vollständige Montage. Wirbel benötigt man unter anderem, um die Hauptschnur mit dem Vorfach zu verbinden. Haken bilden das Ende der Montage und sollen schließlich dafür sorgen, dass wir einen überlisteten Fisch auch wirklich landen können.

Montierter Haken mit Köder und Zusatzfutter

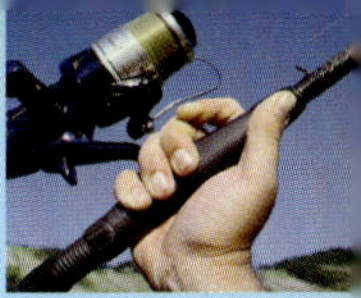

Angelhaken gibt es von unendlich vielen Hersteller und in zahlreichen Varianten. Ich möchte, damit Sie sich etwas besser zurechtfinden, nur ein paar wenige Kategorien nennen. Beginnen wir mit den Plättchenhaken und den Öhrhaken, deren Bezeichnung davon abhängt, wie das Vorfach am Haken befestigt wird. Dazu sollte man wissen, wie ein Angelhaken aufgebaut ist: Der Haken beginnt mit dem so genannten Kopf, daran schließen sich Schenkel und Hakenbogen an und am Ende befindet sich die Spitze – in den meisten Fällen mit Widerhaken versehen. Dabei wird der Kopf von einem Öhr oder Plättchen gebildet. Hat der Kopf die Form eines Öhrs, handelt es sich natürlich um einen Öhrhaken. Einen flach geplätteten Kopf nennt man dagegen Plättchen. Generell ist die Entscheidung für einen Öhr- oder Plättchenhaken Einstellungssache. Die meisten Fertigvorfächer besitzen aber Plättchenhaken, da sich solche Haken maschinell einfacher binden lassen. Grundsätzlich kann man mit beiden Hakentypen Montagen auch selbst binden. Für Anfänger im Selbstbinden empfehle ich jedoch die Öhrhaken. Wie man dies macht, erkläre ich im Kapitel über die wichtigsten Knoten (siehe Seite 30 ff.).

Drillinge sind Angelhaken mit drei Spitzen.

Ein weiteres Kriterium gilt es zu bedenken: Es gibt Einfachhaken, Zwillingshaken und Drillingshaken. Deren Bezeichnung hängt von der Anzahl der Spitzen ab – also hat der Einfachhaken nur eine Spitze, der Zwillingshaken zwei und der Drillingshaken drei. Grundsätzlich lässt sich zwar jeder Fisch auch mit einem Einzelhaken fangen, doch muss man die Frage nach dem richtigen Haken genauer betrachten. So hängt die Verwendung eines Zwillings- oder Drillingshakens nicht allein davon ab, welchen Fisch man fangen möchte, sondern vor allem auch vom Köder. Ich möchte Sie jedoch an dieser Stelle nicht verwirren und sage nur,

dass Zwillings- und Drillingshaken ausschließlich beim Raubfischangeln benötigt werden. Genauer erkläre ich die Verwendung im entsprechenden Kapitel (siehe Seite 52 ff.).

Das nächste Unterscheidungsmerkmal beim Hakenkauf ist die Hakengröße. Glücklicherweise gibt es hierbei einheitliche Größenbezeichnungen. Grundsätzlich kann man sagen: je kleiner die Zahl, desto größer der Haken. Das bedeutet also, ein Haken der Größe 2 ist beispielsweise größer als ein Haken der Größe 12. Leider wird es oberhalb der Größe 1 wieder etwas komplizierter, denn es gibt auch noch Übergrößen. So hat der nächstgrößere Haken die Größe 0, dann folgt 1/0, 2/0 und so weiter. Wenn Sie sich zum ersten Mal auf gut Glück ans Wasser setzen, sind Sie mit einem Haken der Größe 6 bis 8 am Fertigvorfach richtig ausgestattet. Mit einer dieser Hakengrößen können Sie Rotaugen genauso haken wie auch Karpfen. Haben Sie sich jedoch bereits auf bestimmte Zielfische spezialisiert, gelten andere Regeln. Darauf komme ich später zurück.

Einen sehr wichtigen Hinweis zum Thema Haken bin ich Ihnen noch schuldig. Kontrollieren Sie bitte immer, ob die Haken noch scharf sind. Denn nur mit einem wirklich scharfen Haken ist gewährleistet, dass der Fisch sicher gehakt werden kann. Diese sorg-

Mit einem Schleifstein können Sie jederzeit Ihre Angelhaken schärfen.

fältige Überprüfung, die vor jedem Angelgang durchgeführt werden sollte, dient nicht nur Ihrem Erfolg, sondern auch dem Wohl der Fische. Rostige oder auch nur unscharfe Haken, greifen nicht im Maul des Fisches, verursachen aber böse Verletzungen, die schlecht verheilen. Die Schärfe des Hakens kann man auf unterschiedliche Weise testen. Eine Möglichkeit ist der Test mit dem Daumennagel. Hierbei zieht man den Haken über den Nagel des Daumens. Setzt sich der Haken fest, ist er auch scharf. Gleitet der Haken jedoch am Nagel ab, muss nachgeschärft werden. Eine andere Prüfmethode wird auf dem Daumen selbst durchgeführt. Ich persönlich nutze diese zweite Möglichkeit, gebe jedoch zu bedenken, dass man wirklich vorsichtig sein muss, denn ein scharfer Haken sitzt manchmal schneller als man glaubt samt Widerhaken im Fleisch fest. Sollten Sie also feststellen, dass der Haken nicht mehr ausreichend scharf ist, dann schleifen Sie ihn bitte mit einem Schleifstein oder Schleifpapier. Ich benutze hierfür einen kleinen Schleifstein, einen so genannten Korundstein. Solche Steine müssen zuvor mit Wasser benetzt werden, anschließend zieht man den Haken mit jeder Seite zwei oder drei Mal über den Stein und schon ist er wieder scharf.

Zusammenfassend kann man damit sagen: Einsteiger sollten möglichst mit Öhrhaken oder mit Fertigvorfächern beginnen. Die Hakengrößen 6, 7 und 8 eignen sich für die meisten Angelsituationen. Dabei müssen die Haken stets scharf sein. Sorgen Sie daher dafür, dass Sie sie auch am Wasser immer nachschärfen können.

Kommen wir nun zum Wirbel. Ein Wirbel ist ein Metallteil, welches aus zwei Ösen besteht, die miteinander verbunden sind. Beide Ösen lassen sich jedoch unabhängig voneinander in alle Richtungen drehen. Dies ist unbedingt nötig, um ein Verdrallen der Schnur zu vermeiden. Es gibt Karabinerwirbel und Wirbel ohne Karabiner. Dem Einsteiger sind Karabinerwirbel zu empfehlen, da diese deutlich einfacher zu handhaben sind. Denn sollten Sie bei-

Karabinerwirbel in verschiedenen Größen und von unterschiedlicher Art

spielsweise Fertigvorfächer verwenden, so lassen sich diese Vorfächer mit Hilfe von Karabinerwirbeln schnell und unkompliziert wechseln. Wirbel ohne Karabiner haben jedoch den Vorteil, das Verdrehen der Schnur noch besser zu vermeiden. Allerdings muss dann bei jedem Vorfachwechsel neu geknotet werden. Wirbel werden in die gleichen Größen unterteilt wie Haken.

Weiteres Zubehör

Zum Angeln kann man alles Erdenkliche mitnehmen. Ich selbst habe sogar ein „Glückskissen", welches nie fehlen darf. Man sollte jedoch bedenken, dass alle Utensilien zuvor auch transportiert werden müssen. Daher sollte man sich auf das Nötigste beschränken. Einige Dinge sind jedoch zwingend erforderlich. Diese werde ich Ihnen nun im Einzelnen vorstellen.

Für das Angeln auf kapitale Welse benötigt man zumeist stärkeres Angelgerät.

Eines der wichtigsten Zubehörteile beim Angeln ist eine Landungshilfe. Die gebräuchlichste Landungshilfe ist der Kescher, auf dessen Beschreibung ich mich hier beschränken möchte. Die beste Ausrüstung nutzt Ihnen nichts, wenn Sie keinen oder einen falschen Kescher verwenden. Der fachmännische Kescher, der genau aus diesem Grund auch Unterfangkescher heißt, wird ins Wasser gehalten, wobei der Fisch mit der Rute über den Kescher geführt wird. Anschließend kann man den Kescher anheben und so den Fisch sicher in den Maschen fangen.

Für den Karpfenfang sind große Kescher erforderlich.

Das wichtigste Kriterium für den Kescherkauf ist seine Größe. Ein Kescher sollte niemals zu klein sein, denn auch wenn Sie nur auf Rotaugen aus sind, interessiert das den großen Karpfen, der sich vielleicht ebenso für Ihre Made begeistert hat, nicht. Auch diesen Fisch müssen Sie dann sicher landen können! Ein Kescher für Einsteiger sollte daher mindestens eine Bügelweite von 60 Zentimetern haben.

Maßband, Waage, Hakenlöser, Fischtöter und Messer gehören auf jeden Fall zur Grundausrüstung, da nur mit diesem Zubehör der waidgerechte Umgang mit dem Fisch gewährleistet ist.

Fast jede Fischart hat ein Schonmaß. Bis zum Erreichen dieses Maßes müssen Fische mit zu geringer Größe wieder zurückgesetzt werden. Dadurch wird erreicht, dass jeder Fisch mindestens ein Mal Gelegenheit zur Fortpflanzung hatte. Also sind Sie gesetzlich dazu verpflichtet, bei jedem Fang nachzumessen, ob der Fisch bereits das angegebene Schonmaß erreicht hat. Zu diesem Zweck verwenden Sie das Maßband.

Die Arterienklemme ist einer der besten Hakenlöser.

Sollten Sie feststellen, dass der Fisch zu klein ist, müssen Sie dafür Sorge tragen, dass der Fisch schonend ins freie Wasser zurückgesetzt wird. Zu diesem Zweck muss der Haken so vorsichtig wie möglich aus dem Fischmaul gelöst werden. Meiner Meinung nach eignet sich am besten eine Arterienklemme. Es gibt jedoch auch für das Lösen des Hakens die unterschiedlichsten Instrumente. Sollten Sie sich für einen bestimmten Hakenlöser entschieden haben, lassen Sie sich am besten von einem Fachmann die richtige Anwendung erklären.

Möchten Sie den gefangenen Fisch – vorausgesetzt er hat das entsprechende Schonmaß bereits erreicht – verwerten, benötigen Sie nun den Fischtöter, der interessanterweise jedoch nicht dem Töten des Fisches dient, sondern seiner Betäubung. Sobald der Fisch mit diesem Hilfsmittel betäubt ist, setzen Sie mit Ihrem Messer den Herzstich. Ich möchte noch darauf hinweisen, dass Fische die verwertet werden, zuerst getötet werden sollten und man erst anschließend den Haken entfernt. Andernfalls erleidet der Fisch noch unnötige Schmerzen, die man ihm auf diese Weise einfach ersparen kann.

An vielen Gewässern muss das Gewicht der gefangenen Fische in einer Fangkarte eingetragen werden. Dies ist auch sinnvoll, da der Angelverein auf diese Weise feststellen kann, ob Gewicht und Größe zueinander im richtigen Verhältnis stehen. Dadurch können Fehlentwicklungen in einem Gewässer früh erkannt werden. Zum Feststellen des Gewichts verwenden Sie Ihre Waage. Für den Einsteiger reicht eine Federwaage völlig aus, die es auch für die unterschiedlichsten Gewichte gibt. Mit einer Waage bis zehn Kilogramm sind Sie aber erst einmal auf der sicheren Seite.

Kinder sollten ruhig früh mit dem schönen Angelhobby beginnen, aber mit leichtem Angelgerät und immer unter Aufsicht.

Nur kurz möchte ich die Bissanzeiger erwähnen. Natürlich gehört ein Bissanzeiger zur notwendigen Grundausstattung. Allerdings gibt es, abhängig von der verwendeten Angeltechnik, die unterschiedlichsten Varianten: Posen, Aalglöckchen und elektronische Bissanzeiger, um nur einige zu nennen. Auch auf diesen Punkt werde ich bei der entsprechenden Angeltechnik eingehen.

Maßband, Waage und Kescher gehören an jedem Angeltag ins Gepäck.

DIE WICHTIGSTEN KNOTEN

Hakenschaftknoten

Es gibt wahrscheinlich Hunderte von Angelknoten. Ich halte diese Vielfalt für etwas übertrieben. In meiner gesamten Anglerkarriere bin ich mit ein paar wenigen Knoten ausgekommen. Für einige unterschiedliche Anwendungen ist es allerdings ratsam, auch wirklich verschiedene Knoten zu nutzen. Deshalb möchte ich Ihnen wenigstens ein paar Knoten vorstellen, die auch ich immer wieder verwende.

Sicherlich sind alle Knoten wichtig, aber der Knoten am Haken wird wahrscheinlich von allen Knoten am stärksten beansprucht. Daher wird jeder ernsthafte Angler sich früher oder später nicht mehr auf die maschinell fertig gebundenen Haken verlassen. Da heißt es dann selbst binden.

Den Hakenschaftknoten gibt es für Öhrhaken und auch für Plättchenhaken. Ich beginne die Erklärung mit dem Öhrhaken: Zie-

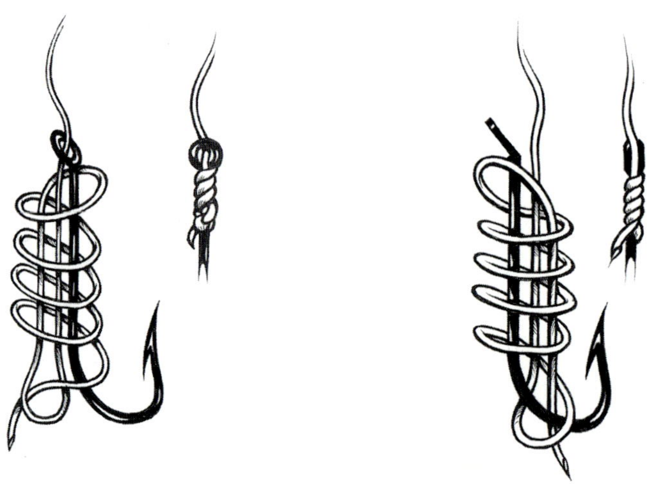

Der Hakenschaftknoten: links für Öhrhaken, rechts für Plättchenhaken

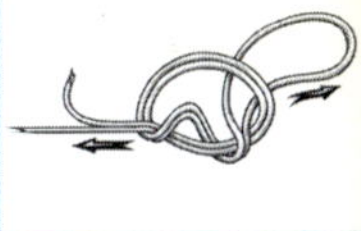

hen Sie die Schnur durch das Öhr hinter dem Hakenschaft nach unten. Legen Sie etwa auf Höhe des Hakenbogens eine Schlaufe, und führen Sie die Schnur wieder hoch bis knapp unter das Öhr. Umwickeln Sie nun mit drei bis vier Windungen die entstandene Schlaufe, und führen Sie das Ende der Schnur unten durch die Schlaufe. Jetzt das Ganze anfeuchten und fest ziehen. Der Knoten zieht sich nun zusammen und rutscht ein weites Stück in Richtung Öhr. Das ist auch gut so. Anschließend wird das überstehende Ende der Schnur gekürzt, und fertig ist der Knoten.

Der Knoten für Plättchenhaken ist sehr ähnlich. Allerdings muss darauf geachtet werden, dass man mit der Schnur nicht das Plättchen berührt, da ansonsten schnell ein Schnurbruch entstehen kann. Darum muss die Schnur vor dem Plättchen und dem

Auf den Knoten muss man sich unbedingt verlassen können, wenn man solche Fische landen will.

Schaft nach unten geführt werden. In Höhe des Hakenbogens wird die Schnur ein Mal von hinten nach vorne um den Schaft gelegt und dann in vier bis fünf lockeren Windungen wieder nach oben geführt. Fädeln Sie nun die Schnur durch die Windungen und die unten entstandene Schlaufe hindurch. Jetzt wieder anfeuchten und fest ziehen. Auch hier, wie bei jedem anderen Knoten, wird zum Schluss das überstehende Ende gekürzt.

Der Clinch-Knoten ist wahrscheinlich der am häufigsten benutzte Knoten aller Angler.

Clinch-Knoten

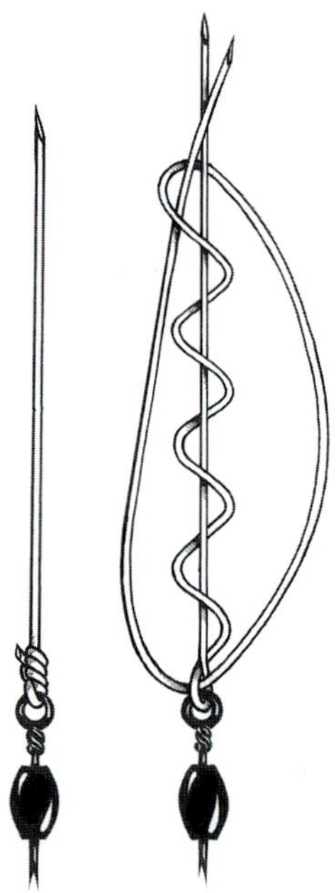

Der Clinch-Knoten ist der Knoten, den ich am meisten verwende. Damit stehe ich nicht allein, denn dieser Knoten ist der weltweit von Anglern am häufigsten angewendete Befestigungsknoten und eignet sich für fast alle Gelegenheiten. Auch Öhrhaken lassen sich damit an der Schnur befestigen, allerdings bewegt sich der Haken unauffälliger, wenn Sie den Hakenschaftknoten verwenden. Für Drillinge verwende ich jedoch nur den Clinch-Knoten. Am besten ist er natürlich für Wirbel geeignet: Führen Sie die Schnur durch die Öse des Wirbels, und legen Sie nun vier bis sechs Windungen. Jetzt wird die Schnur einfach durch die vor der Öse entstandene Schlaufe geführt, anschließend anfeuchten, fest ziehen und kürzen. Noch sicherer wird der Knoten, wenn man die Schnur zu Beginn zwei Mal durch die Öse führt und zum Schluss die Schnur durch die Doppelschlaufe zieht. Vor allem bei Drillingen rate ich zum doppelten Clinch. Ich persönlich habe mir angewöhnt, immer den doppelten Knoten zu verwenden.

Schlaufenknoten

Dieser Knoten eignet sich vor allem als Ende des Vorfachs, wenn Karabinerwirbel verwendet werden. Denn sollten Sie Ihr Vorfach mit einem Schlaufenknoten beendet haben, können die

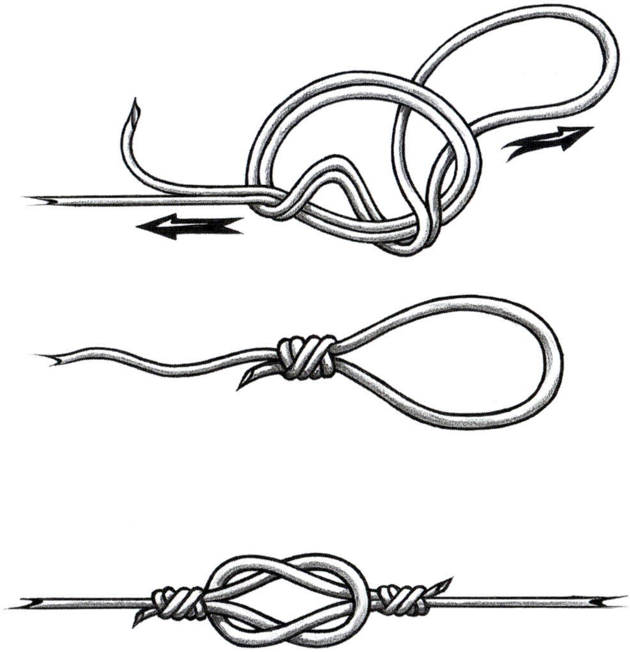

Der Schlaufenknoten und das Verbinden von zwei Schlaufen

Vorfächer, die mit einer Schlaufe gebunden sind, überlisten auch die schlauesten Fische.

einzelnen Vorfächer rasch ausgetauscht werden. Außerdem lassen sich zwei Schlaufen sehr gut und schnell zu einer einfachen, aber sehr festen Einheit verbinden: Legen Sie mit der Schnur eine großzügige Schlaufe. Halten Sie die doppelt gelegte Schnur mit der einen Hand fest und legen Sie dann eine weitere Schlaufe. Führen Sie nun die erste Schlaufe zwei bis vier Mal durch die zweite Schlaufe – anschließend befeuchten, fest ziehen und das Ende kürzen.

Blutknoten

Der Blutknoten ist der sicherste Knoten zum Verbinden zweier verschiedener Schnüre.

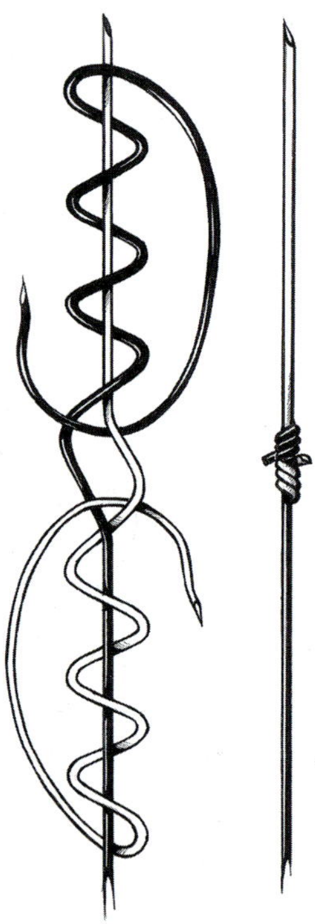

Es handelt sich hierbei um einen Knoten zum Verbinden zweier Schnüre. Dieser Knoten ist schon etwas komplizierter, dafür ist es aber tatsächlich der sicherste Knoten der Welt, sobald Sie zwei Schnüre verbinden müssen: Legen Sie beide Schnurenden entgegengesetzt, aber parallel nebeneinander. Nun wird die erste Schnur drei bis fünf Mal um die zweite gewunden und am Beginn der Windungen durch das entstandene Loch geführt. Lassen Sie nun das Ganze lose liegen, und führen Sie die gleichen Schritte auf der anderen Seite mit der anderen Schnur durch. Nun wird alles angefeuchtet und abwechselnd Stück für Stück fester zugezogen. Dieser Knoten muss sehr genau gebunden werden, da ansonsten Schnurteile, die aneinander reiben, zum Schnurbruch führen können. Liegen beide Knoten direkt nebeneinander, kann noch einmal richtig angezogen werden. Zum Schluss die losen Schnurenden kürzen, und fertig ist auch der letzte Knoten, den ich Ihnen hier vorstelle.

Welse stehen oft in Hindernissen, dafür sollten Sie eine Schlagschnur anknoten.

DIE KÖDER

Köder für Friedfische

Die richtige Köderwahl ist eine der Voraussetzungen für erfolgreiches Angeln. Allerdings sollten Sie nie vergessen, dass es auch noch andere wichtige Dinge gibt, denn der beste Köder nutzt Ihnen nichts, wenn sich an Ihrer Angelstelle keine Fische befinden. Was aber sind überhaupt die besten Köder? Um das zu klären, sollte man sich ein wenig mit der Ernährung der Fische auskennen. Natürlich spielen hierbei die unterschiedlichsten Faktoren eine Rolle. So ist die Art eines Gewässers genauso entscheidend für die Ernährung des Fisches wie die Größe, die der Fisch bereits erreicht hat. Trotzdem kann man grundsätzliche Aussagen über die Ernährung der Zielfische treffen, die uns Anglern bei der Wahl des Köders die entscheidende Hilfe geben können.

Die Nase ist ein Aufwuchsfresser. Sie hat verhornte Lippen, mit denen sie den Aufwuchs von Steinen schabt.

Wird an einem Gewässer die normale Nahrung knapp, so können fast alle Fischarten auf das so genannte Plankton ausweichen. Der Begriff Plankton entstammt der Biologie und umfasst die frei im Wasser schwebenden Kleinstorganismen wie Einzeller, Wasserflöhe und Hüpferlinge. Einige Fischarten ernähren sich tatsächlich überwiegend von Plankton und werden deshalb Planktonfresser genannt. Hierzu zählen beispielsweise Felchen, Seesaiblinge, Lauben und Maifische. Aber insbesondere beim Plankton ist das

Vorkommen sehr abhängig vom Gewässer. Entsprechend sind die meisten Planktonfresser also Fische, die problemlos auch auf andere Nahrung wie Kleintiere oder Aufwuchs ausweichen können.

Die nächste Gruppe bilden die Pflanzen- und Aufwuchsfresser. Was Pflanzen sind, muss ich sicher nicht erklären. Aufwuchs ist ein Begriff, der aus der Biologie stammt. Gemeint ist damit der Belag, der sich auf Steinen und anderen harten Flächen im Gewässer festsetzt und aus kleinsten Algen, Bakterien oder den verschiedensten Einzellern besteht. Viele Fische nutzen den Aufwuchs als reichhaltige Nahrungsquelle. Der typische Vertreter ist die Nase. Dieser Fisch hat ein Maul mit völlig verhornten Lippen, die dazu dienen, den Aufwuchs von Steinen zu raspeln.

Auch Wasserpflanzen werden von einigen Fischen gefressen, beispielsweise vom Rotauge. Allerdings gibt es unter unseren einheimischen Fischarten keine reinen Pflanzenfresser. Jedoch wurde inzwischen in vielen europäischen Gewässern der Graskarpfen eingesetzt, der ursprünglich aus Asien stammt und ein reiner Pflanzenfresser ist. Da man diese Fische für den Rückgang von Schilfzonen verantwortlich macht, wurde der Besatz von Grasfischen in Deutschland inzwischen leider verboten.

Das Maul einer Barbe: Daran erkennt man den Bodenfresser.

Sehr viele Fische ernähren sich teilweise von Kleintieren – tun sie dies überwiegend, werden sie als Kleintierfresser bezeichnet. Die Karpfenartigen sind charakteristische Vertreter der Kleintierfresser. Sie ernähren sich überwiegend von Krebstierchen,

Egeln, Würmern, Insektenlarven, Schnecken und auch Muscheln – also am Boden lebenden Wirbellosen. Schon am Körperbau dieser Fische, zu denen beispielsweise Brachsen, Schleien und Karpfen selbst zählen, erkennt man die Kleintierfresser. Das typischste Körpermerkmal ist das so genannte Rüsselmaul, das vorgestülpt werden kann. Auf diese Weise können sie gut im Gewässergrund wühlen, um eine Vielzahl von Partikeln anzusaugen. Im Maul sortiert der Fisch dann nach fressbar und nicht fressbar und spuckt alles wieder aus, was nicht verwertet werden kann.

Der Karpfen hat ein vorstülpbares Maul und frisst überwiegend Kleintiere.

Allerdings sind nicht in allen Gewässern auch alle Formen von Wirbellosen zu finden. Anders als in klaren, sauerstoffreichen Bächen findet man in stehenden Gewässern meist nur Zuckmückenlarven oder Schlammröhrenwürmer. Diese beiden Kleinlebewesen machen dann auch einen Großteil der Nahrung der karpfenartigen Fische aus, die in Teichen und Tümpeln vorkommen. In manchen Jahreszeiten, in denen das Insektenvorkommen besonders hoch ist, kommt es immer wieder vor, dass sehr viele Insekten unbeabsichtigt auf der Wasseroberfläche landen. Zu dieser Zeit finden die Kleintierfresser also einen reich gedeckten Tisch vor und man kann sie entsprechend sehr gut an der Wasseroberfläche erbeuten. Dies gilt übrigens nicht nur für Forellen, wie man vielleicht annehmen könnte, sondern auch für Rotfedern und sogar für Karpfen.

Was bedeuten die beschriebenen Anpassungen an die verschiedenen Nahrungsquellen nun für die Köderwahl? Wir haben festgestellt, dass die meisten Friedfische sich als Kleintier-, Aufwuchs- oder Planktonfresser durchs Leben schlagen – dies bedeutet aber keinesfalls, dass Sie mit Einzellern oder Algen fischen sollten! Es ist jedoch durchaus wichtig, die Ernährung der Fische nicht völlig außer Acht zu lassen. Mit Würmern, Schnecken und sogar mit Tubifex (im Handel erhältlich) lässt sich fast jeder Friedfisch überlisten. Wer mutig ist, beködert seinen Haken mal mit Schilfblättern, so wurde schon so mancher Graskarpfen gefangen. Auch für Angler, die zum Beispiel ihr Stippfutter selbst mixen, ist es wichtig zu wissen, welche Nahrung im entsprechenden Gewässer vorkommt. Für keine Fischart gibt es also den allzeit unschlagbaren Superköder, der Weg zum Köder führt vielmehr über die jeweilige Nahrungsquelle der zu beangelnden Fischart.

Köder für Raubfische

Was für die Friedfische gilt, stimmt natürlich auch bei den Raubfischen. Man würde es sich daher viel zu leicht machen, wenn man einfach behauptet: Köder für Raubfische sind an-

Zander verfolgen kleinere Fische, bis sie die Beute von hinten schnappen können.

dere Fische. Zwar fressen Raubfische in erster Linie Fisch, allerdings muss man dies genauer betrachten. So werden von Hechten durchaus auch Frösche oder Wasserratten gefressen. Große Welse hat man schon dabei beobachtet, wie sie ausgewachsene Enten verspeisten. Genauso dürfte klar sein, dass ein Flussbarsch oder Aal keinen Brachsen von zwei Kilogramm als Köder verschlingen wird. Entsprechend muss man also auch hier je nach Zielfisch sehr genau differenzieren.

Flussbarsche jagen zumeist im Rudel. Kapitale Exemplare werden jedoch häufig zu Einzelgängern.

Hechte schnappen sich ihre Beute überfallartig. Erst anschließend drehen sie sie so, dass der Fisch mit dem Kopf voran geschluckt werden kann. Zander haben dagegen völlig andere Jagdstrategien, denn sie verfolgen ihre Beute so lange, bis sie von hinten geschnappt werden kann. Dadurch frisst ein Zander seine Beute auch zumeist mit dem Schwanz zuerst. Barsche jagen im Rudel, gehen ansonsten aber so ähnlich wie die Zander vor. Dies kann man häufig an Gewässerstellen erkennen, an denen gerade die Wasseroberfläche aufspritzt. In diesen Augenblicken stoßen Barschrudel in Kleinfischschwärme hinein. Aale haben dagegen eine Sonderstellung: So unterscheidet man Spitzkopf- und Breitkopfaale. Breitkopfaale ernähren sich überwiegend von Fisch, während sich die Spitzköpfe zumeist von Kleintieren ernähren. Zander, Flussbarsch und Aal ist jedoch eines gemeinsam: Sie fressen eher kleine Fische. Das ist spätestens dann klar, wenn man ihre Mäuler mit dem eines Hechtes vergleicht. Vergessen Sie daher nicht, dass bei den verschiedenen Raubfischen auch der Tauwurm als sehr guter Köder gilt, denn auch die Räuber fressen immer wieder Kleintiere.

Der Wels ist einer der größten Süßwasserfische. Er lauert in tiefen Rinnen und jagt meist nachts.

Welse und Hechte sind die größten Raubfische unserer Gewässer. Ihnen fallen, wie schon erwähnt, sogar Enten zum Opfer. Das bedeutet natürlich nicht, dass wir mit dem armen Federvieh als Köder unser Angelglück versuchen sollten, aber – und dies ist ein wichtiger Punkt – die Köderfische sollten schon von der größeren Sorte sein. Von Belang ist auch, dass die Hechte ihre Beute immer mit dem Kopf voran schlucken. Dies ist für uns Angler spätestens dann von Interesse, wenn wir unsere mit Haken versehenen Köder im Gewässer präsentieren. Selbstverständlich gilt auch hier, dass Wels und Hecht in Notzeiten zu Kleintierfressern werden. Gerade für Welse sind Tauwürmer daher ein Topköder.

Zusammenfassend kann man somit sagen, Raubfische ernähren sich überwiegend von Fisch. Daher ist Fisch bei ihnen auch der Köder Nummer eins. Jedoch haben Raubfische ebenfalls Kleintiere auf dem Speiseplan, weshalb man sie ebenso mit Würmern fangen kann. Das bedeutet, dass trotz aller Entwicklungen auf dem Ködermarkt, gerade die Würmer – egal ob Mist- oder Tauwurm – ein echter Allroundköder sind. Wer mit Würmern fischt, kann sich also immer auf die eine oder andere Überraschung einstellen.

FRIEDFISCHANGELN

Grundangeln

Friedfische, vor allem aber Weißfische sollten für jeden Anfänger der erste Schritt ins Angelhobby sein. Denn nur wer gelernt hat, ein Rotauge zu überlisten, im geeigneten Moment zu haken, auszudrillen und zu landen, der weiß später auch den gezielten Fang eines Großkarpfens oder eines kapitalen Hechtes richtig zu würdigen. Das Grundangeln auf Friedfische ist an sich eine recht einfache und gemütliche Angelegenheit. Bedenkt man nun noch, dass beim Grundangeln durchschnittlich die größeren Friedfische gefangen werden, so ist wohl klar, dass sich ein solcher Ansitz immer lohnt. Allein aufgrund der größeren Wurfgewichte, aber auch wegen der Größe der zu erwartenden Fische, empfehle ich Ihnen zum Grundangeln eine Schnurstärke von mindestens 0,30 Millimeter und Hakengrößen zwischen 2 und 8.

Für das Angeln mit der Feederrute ist eine solche Rutenablage typisch.

Vieles spricht für das Angeln am Grund. Das stärkste Argument ist sicher das Anfüttern, denn Füttern gehört zum Friedfischangeln einfach dazu. Am besten beginnen Sie bereits einige Tage

Karauschen werden meist beim Grundangeln erbeutet.

vor dem eigentlichen Angeln mit dem Füttern. Dazu eignen sich alle im Handel erhältlichen Futtermischungen. Allerdings ist es meist günstiger, sich selbst ein Futter anzumischen. Außerdem kann man in dieses Futter zusätzlich Bestandteile zufügen, die man später beim Angeln auch als Köder verwenden möchte. Ein gutes und preisgünstiges Futter besteht aus Mais und Paniermehl, bestenfalls können Maden oder zerhackte Würmer beigemischt werden.

Das Lockfutter und die Ködermaden liegen zum Einsatz bereit.

Für ein leichtes Anfüttern empfiehlt es sich, aus diesen Futtermischungen tennisballgroße Kugeln zu formen. Für das Ausbringen dieser Futterbälle am Angelplatz benutzt man meist verschiedene Hilfsmittel wie die Schleuder oder die Futterkelle. Ich empfehle Ihnen hier die größere Ausgabe zu tätigen und sich eine Futterkelle anzuschaffen. Mit diesem Hilfsmittel sind Sie für Entfernungen bis 40 Meter und für jede Art von Futter gerüstet. Das Ausbringen des Futters mit der Kelle ist schnell gelernt. Meist funktioniert es reibungslos nach zwei bis drei Würfen.

Gerade wenn man bereits einige Tage vor dem Angeln mit dem Anfüttern beginnt, werden die Fische nicht nur zum Fressen animiert, sondern regelrecht auf das Futter konditioniert. Denn so-

bald sich ein Fisch einige Tage an das Futter gewöhnen konnte, verliert er die Scheu und wird immer wieder an diesen Platz zurückkehren. Sorgen Sie also dafür, dass Ihr Köder – genau wie zuvor das Futter – ebenfalls am Grund liegt. Hierfür ist ein ausreichend schweres Gewicht notwendig, das entweder aus einem Grundblei oder einem Futterkorb bestehen kann. Der Futterkorb bietet dabei den Vorteil, dass noch weiteres Futter in der Nähe des Hakenköders liegt. Beim Grundangeln gilt – wie bei jeder anderen Angelart auch: So leicht wie möglich, so schwer wie nötig! In diesem Fall bedeutet dies, dass das Blei gerade ausreichen sollte, den Köder am Grund zu halten. In einem kleinen See reicht bei Windstille normalerweise ein Blei zwischen 10 und 30 Gramm. Bei leichtem Wellengang oder in einem Fluss muss das Blei aber entsprechend schwerer gewählt werden.

Natürlich gibt es auch Bleie in verschiedenen Ausführungen. Wichtig ist nur, dass man sie irgendwie auf die Schnur bekommen kann. Sehr häufig werden daher Durchlaufbleie verwendet. Diese Bleie sind gelocht und lassen sich direkt auf die Schnur fädeln. Zusätzlich gibt es Ösen- und Wirbelbleie. Bei diesen Bleien wird die Schnur durch den Wirbel oder durch die Öse gefädelt. Solche Bleie lassen sich beispielsweise auch an Plastikröhrchen befestigen, die dann selbst wieder auf die Schnur kommen. Diese Methode ist bei schlammigem Untergrund sehr empfehlenswert – allerdings gibt es hierfür noch bessere Varianten, nämlich die so genannten Stehaufbleie, die dann im Schlamm versinken, ohne die Schnur mitzuziehen.

Karauschen sind kleine, aber kampfstarke Friedfische.

Sollten Sie auch mit Bissen von Karpfen, Schleien oder Barben rechnen, so bringen Sie hinter dem Blei zusätzlich noch eine Perle und

Das Futter im Korb soll die Fische zum Köder locken.

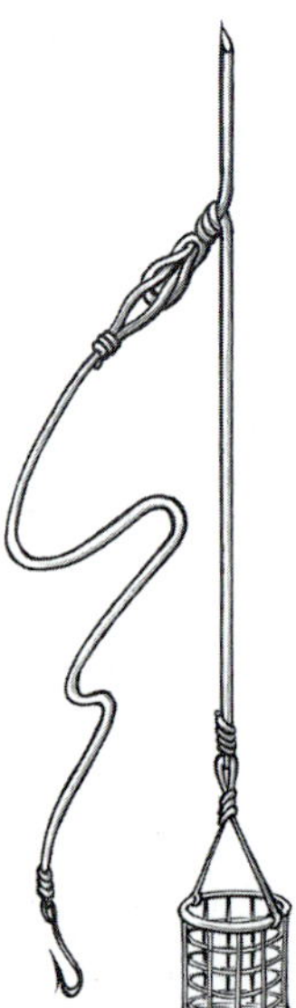

Futterkorb am eingeschlauften Seitenarm

einen Gummistopper an. Nimmt dann ein Fisch den Köder an, stößt er nach kurzer Zeit auf den vollen Widerstand des Bleis, den so genannten Boom. Dadurch dringt der Haken bereits leicht ins Maul ein und ein Anschlag geht nur selten ins Leere. Wichtig ist dabei aber vor allem, dass Sie zwischen Blei und Wirbel eine Perle angebracht haben. Durch diese Perle wird der Knoten vor dem Aufprall des Bleis oder Röhrchens geschützt.

Auch die Futterkörbe werden in den verschiedensten Ausführungen angeboten. Selbstverständlich gibt es hier ebenfalls den Durchlauffutterkorb, der auch Futterspirale genannt wird. Häufiger werden jedoch Futterkörbe verwendet, die man per Karabiner in ein auf der Schnur laufendes Plastikröhrchen einhängt, oder die so genannte Seitenarm-Montage, bei der sich das Einschlaufen des Seitenarms etabliert hat. Auch beim Angeln mit dem Futterkorb sollten Sie ihr Futter aus Mais und Paniermehl mit Maden- oder Wurmzusätzen anmischen. Natürlich gibt es daneben noch viele weitere mögliche Zusätze wie Hanf- und Weizenkörner oder Fisch- und Maismehl. In jedem Fall muss das Futter für den Korb sehr fest angemischt sein, so dass es sich gut hineinpressen lässt und auch beim Auswerfen nicht aus dem Korb fällt.

Auf die Rute für das Grundangeln möchte ich noch etwas genauer eingehen. Selbstverständlich können Sie Ihre Allroundrute benutzen und für den Einstieg sei Ihnen dies auch empfohlen. Hierbei sollte die Rute nach dem Auswerfen auf einem Rutenhalter abgelegt werden. Dies kann ein Dreibein sein, zwei speerartige Stäbe mit Auflage reichen aber auch aus. Ziehen Sie nun etwas Schnur von der Rolle, und hängen Sie etwas Silberpapier oder Ähnliches ein. Im Handel werden ebenfalls die unterschiedlichsten Einhänger angeboten.

Sollten Sie jedoch häufig dem Grundangeln auf Friedfische nachgehen, möchte ich Ihnen eine Feederrute empfehlen. Diese Ruten sind perfekt auf diese Angeltechnik abgestimmt. Sie besitzen ein starkes Rückgrat für das Auswerfen und den Drill sowie austauschbare Spitzen, so genannte Schwing- und Zitterspitzen, die einen Biss äußerst sensibel und sehr deutlich anzeigen.

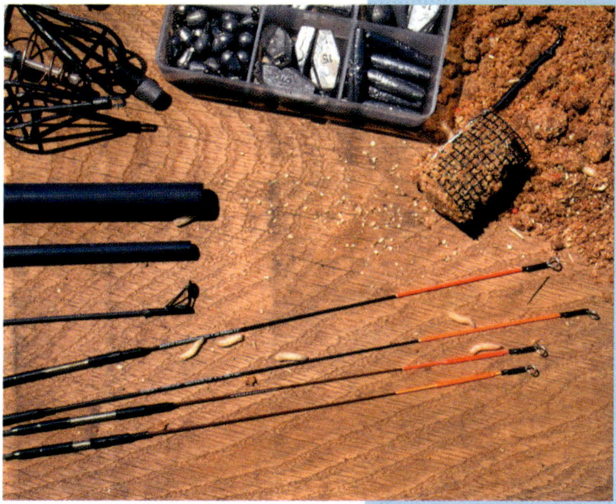

Es gibt verschieden starke Zitterspitzen.

Angeln mit der Pose

Die Pose ist der älteste Bissanzeiger der Welt. Mit ihr zu angeln ist äußerst facettenreich, da man auf jede neue Situation schnell reagieren muss. Aufgrund ihrer einfachen und perfekten Wirkungsweise gehört sie auch heute noch zu den häufigsten Bissanzeigern – und das wird sich wohl auch nie ändern.

Obwohl es im Bereich der Posen natürlich genauso Hunderte von verschiedenen Ausführungen gibt, wie das schon für die Haken oder auch die Wirbel galt, so kann man eben auch die Posen in Oberkategorien einteilen. Man unterscheidet die so genannten frei laufenden Posen, also Posen, die sich frei auf der Angelschnur bewegen können, sowie die fest stehenden Posen. Ich empfehle Ihnen, wenn immer es möglich ist, eine fest stehende Pose zu verwenden. Jedoch kann man diese nur dann benutzen, wenn die

Die Schweineborstenpose ist die vielleicht am häufigsten benutzte Feststellpose überhaupt.

Wassertiefe und Wurfweite es auch zulassen. Um Ihnen verständlich zu machen, warum dies so ist, erläutere ich kurz die Wirkungsweise der fest stehenden Pose: Der Name kommt daher, dass man sie auf der Schnur bis zur gewünschten Wassertiefe schiebt und dann auswirft. Maximal darf dies nur bis zur Länge Ihrer Rute geschehen, da Sie die Schnur ansonsten vor dem Auswurf auf dem Boden schleifen lassen müssten. Beim Auswerfen würde das unweigerlich zu Komplikationen oder Baumtreffern führen. Man kann also sagen, dass die Verwendung fest stehender Posen bei Wassertiefen von bis zu zwei Metern problemlos funktioniert. Ich persönlich empfehle den Einsatz dieser Posen auch noch bis zu drei Metern. Bei Wassertiefen, die über drei Meter hinausgehen, kommt jedoch nur noch eine frei laufende Pose in Frage. In diesem Fall wird ein Stopper, den ich später noch genauer erkläre, zur Festlegung der Angeltiefe auf der Schnur platziert. Der Stopper lässt sich mit auf die Rolle aufspulen und stört auch nicht beim Auswerfen. Ihre Pose wird nun zwischen Stopper und Vorfach auf die Schnur gefädelt. Entweder läuft die Schnur direkt durch die Pose (Durchlaufpose) oder die Schnur wird über ein oder zwei Ösen gefädelt. Die Pose kann sich somit immer frei zwischen Vorfach und Stopper bewegen.

Graskarpfen werden meist ein gutes Stück über Grund gefangen.

Um die Anwendung der Posen zu verdeutlichen, möchte ich Sie nun an einen kleinen See entführen, in dessen Uferbereich wir es auf Brachsen und Rotaugen abgesehen haben. Unsere Allroundrute haben wir mit einer Stationärrolle und 0,25-Millimeter-Schnur bestückt. Die Bissanzeige durch die Pose soll so sensibel

wie möglich funktionieren, damit auch der kleinste Zupfer erkannt wird. Da Karpfen auch sehr gern auf Weißfischköder hereinfallen, empfehle ich Ihnen, keine Schnur unter 0,25 Millimeter zu verwenden. Meine Lieblingspose für solche Situationen ist die künstliche Schweineborste. Auf jeden Fall sollten Sie auf ähnliche, also schlanke, leichte, pfeilförmige Posen zurückgreifen.

Schrotbleie sind beim Posenangeln unverzichtbar.

Nun muss also die Montage angebracht werden: Wir verwenden eine fest stehende Pose und müssen darum als Erstes die Pose auf die Hauptschnur schieben. Die meisten dieser Posen verfügen über einen eng anliegenden Gummiring, mit Hilfe dessen sie auf der Schnur fixiert werden. Ist die Pose auf der Schnur, wird nun an das Ende der Hauptschnur ein Karabinerwirbel geknotet. Nach der Befestigung von Pose und Wirbel muss die Pose noch ausgebleit werden. Hierfür werden zwischen Pose und Wirbel so viele Schrotbleie befestigt, dass nur noch die eingefärbte Spitze der Pose aus dem Wasser schaut. Achten Sie darauf, möglichst viele kleine Schrotbleie zu verwenden, denn wenn Sie nur wenige schwere Bleie anbringen, bemerken die scheuen Fische viel schneller den Widerstand. Ordnen Sie die kleinen Schrotbleie außerdem möglichst in einer Kette an. Hierbei gilt: Direkt hinter die Pose kommt das größte Blei, dann nimmt die Größe der Bleie kontinuierlich ab. Auf diese Weise spürt der Fisch als ersten Widerstand nur das kleinste Blei. Anschließend muss noch ein Vorfach mit Haken in den Karabiner eingehängt werden. Für diese Angelsituation empfehle ich Hakengröße 8 oder noch kleiner.

Bevor wir mit dem Angeln richtig loslegen, sollten wir aber über die Tiefe an der Angelstelle Bescheid wissen. Hierfür eignet sich am besten ein Lotblei. Lotbleie werden auf den Haken geklemmt und müssen schwerer als die Tragkraft der Pose sein. Eine ungefähre Vorstellung der Wassertiefe sollten Sie jedoch haben. Glauben Sie also, dass es an der Angelstelle etwa zwei Meter tief ist, dann müssen Sie die Pose auf der Hauptschnur hochschieben, bis sie etwa zwei Meter vom Lotblei entfernt ist. Anschließend werfen Sie aus. Nun gibt es drei mögliche Situationen: Im seltensten Fall wird die Pose so zum Stehen kommen, dass tatsächlich nur noch die eingefärbte Spitze aus dem Wasser schaut. Dann ist die Wassertiefe genau so, wie Sie es eingestellt hatten. Meistens geht Ihre Pose aber unter und ist nicht mehr zu sehen. Dann ist das Wasser tiefer als erwartet. In diesem Fall schieben Sie die Pose einfach noch etwas höher und werfen erneut aus. Dies wiederholen Sie so lange, bis die Pose richtig aus dem Wasser schaut. Sollte die Pose dagegen flach auf dem Wasser liegen, ist das Gewässer eben nicht so tief wie erwartet. Schieben Sie in diesem Fall die Pose nach unten, und werfen Sie erneut aus. Wiederholen Sie den Vorgang so lange, bis alles stimmt. Sobald die korrekte Wassertiefe eingestellt ist, empfehle ich Ihnen, die Pose noch drei bis fünf Zentimeter nach unten zu schieben, da dadurch der Köder direkt in Augenhöhe der zu erwartenden Fische präsentiert wird.

Beim Angeln auf Rotaugen kann man reiche Beute machen.

Die Futterbälle, die aus den selben Zutaten bestehen wie beim Grundangeln, können bei der geschilderten Angelsituation auch mit der Hand eingebracht werden. Hierfür darf die Mischung aber

nicht zu feucht sein. Werfen Sie also ein bis zwei Bälle des Futters an Ihrer Angelstelle aus. Ist die Konsistenz des Futterballs richtig, zerfällt das Futter beim Absinken und bildet den so genannten Futterteppich. Nur wenige Zentimeter über diesem Teppich schwebt dann Ihr Köder. Allerdings können Sie durchaus auch Köder verwenden, die nicht im Futter enthalten sind, denn schließlich soll der Fisch durch das Futter nur zum Fressen angeregt werden. Und meistens ist es so, dass Fische, wenn sie erst mit dem Fressen begonnen haben, absolut alles fressen.

Der Döbel ist ein typischer Flussfisch.

Nun gilt es abzuwarten, doch der erste Biss lässt beim Weißfischangeln meist nicht lange auf sich warten. Sollten Sie jedoch länger als 30 Minuten keine Aktion haben, müssen Sie Veränderungen vornehmen. Dies bedeutet zuerst einmal das Wechseln der Angeltiefe, denn meist stehen die Fische in einem solchen Fall einfach nicht am Grund, sondern eben im Mittelwasser. Hierfür verschieben Sie die Pose einfach noch weiter nach unten. Auch das

Schleien sind vorsichtige Beißer – daher sind sensible Posen nötig.

Beifüttern sollte man nun grundsätzlich ändern: Füttert man jetzt Mais oder Maden ohne weitere Zusätze, so sinken die einzelnen Körner oder Maden sehr langsam zum Grund. Dadurch wird auch ein Fisch, der im Mittelwasser steht, auf das Futter aufmerksam.

Jedoch gibt es einfach auch Tage, an denen man nicht einmal Weißfische fängt. Entweder sitzt man an der falschen Stelle, das Wetter passt nicht oder was auch immer. Stimmen aber erst die äußeren Bedingungen, und Sie machen alles einigermaßen richtig, kann man beim Weißfischangeln in kürzester Zeit viele Fische landen. Auf jeden Fall ist für diese Art des Angelns die fest stehende Pose die beste Wahl, weil sie auch den kleinsten Zupfer anzeigt.

Auch die Barbe ist ein Fisch unserer Flüsse.

Nun wollen wir eine andere Stelle an unserem See befischen. Der gewählte Angelplatz liegt etwa 30 Meter vom Ufer entfernt und die Stelle weist eine Tiefe von ungefähr vier Metern auf. Zwei Gründe sprechen jetzt für die frei laufende Pose: erstens die Tiefe der Angelstelle und zweitens die Wurfweite. Frei laufende Posen haben eine höhere Tragkraft und auch mehr Gewicht als die fest stehenden Posen. Dadurch erhöht sich das Gesamtgewicht der Montage, wodurch bedeutend weiter ausgeworfen werden kann. Auch bei den frei laufenden Posen habe ich einen Favoriten, nämlich den so genannten Waggler, da man bei ihm das Gewicht der Pose selbst verändern kann und die schlanke Form des Wagglers hohe Wurfweiten erlaubt. Natürlich können Sie auch jede andere frei laufende Pose verwenden. Allerdings sollten Sie hier

ebenfalls bedenken, dass die Bissanzeige so sensibel wie möglich sein sollte – also muss die Tragkraft so gering wie möglich sein. Dies ist aber von der Wurfweite und vom Wetter abhängig. Je stürmischer das Wetter und je weiter die Entfernung, desto höher muss die Tragkraft der Pose sein. Ratschläge für eine bestimmte Tragkraft zu geben, ist daher recht schwierig und zusätzlich sehr vom Gewässer abhängig. Für einen kleinen, flachen See empfehle ich aber bei Windstille Posen von zwei bis sechs Gramm Tragkraft, bei Wind oder im Fließgewässer eine entsprechend höhere. Dies gilt im Übrigen gleichermaßen für beide Arten von Posen.

Für Anfänger ist zunächst einmal das Rotauge der richtige Fisch.

Nun wollen wir noch unsere frei laufende Pose montieren. Dafür muss als Erstes ein Stopper auf der Schnur angebracht werden. Auch bei den Stoppern gibt es verschiedene Varianten. Für den Einstieg empfehle ich Ihnen jedoch einfache, handelsübliche Gummistopper. Diese lassen sich sehr einfach handhaben – und so begleiten sie mich auch heute noch. Nach dem Stopper wird eine Gummiperle auf die Hauptschnur gefädelt, dann folgt die Pose. Auf diese Weise wird die Pose von der Perle immer am Stopper gebremst und so auf die richtige Angeltiefe gebracht. Die folgenden Schritte funktionieren genauso wie bei der fest stehenden Pose. Selbstverständlich müssen Sie aber zur Änderung der Wassertiefe nicht die Pose selbst, sondern den Gummistopper verschieben. Und falls der Erfolg anfänglich ausbleiben sollte, so muss man schließlich auch bei dieser Art des Angelns bezüglich der Angeltiefe experimentieren. Für das zusätzliche An- und Beifüttern empfehle ich wieder die üblichen Hilfsmittel, in erster Linie wegen der hohen Wurfweite also die Futterkelle. So wird sich der Erfolg sicherlich schnell einstellen.

RAUBFISCHANGELN

Ausrüstung für den Raubfischangler

Der Wels ist die größte Herausforderung im heimischen Süßwasser.

Der Hecht ist wahrscheinlich der Beliebteste aller Raubfische. Sicher träumt jeder Angler davon, einmal im Leben einen kapitalen Hecht zu fangen. Aber auch Zander, die heimlichen Räuber, und Aale, die mysteriösen Schlangenwesen, sind sehr beliebte Angelfische. Bei der Auswahl der Köder und des Zubehörs gibt es beim Raubfischangeln aber so einiges zu beachten. Der Köder Nummer eins ist hier der Köderfisch. Das bedeutet, wer mit diesem Köder den Raubfischen ans Fell – oder besser gesagt an die Schuppen – will, muss zuerst einmal Köderfische besorgen. Wie das funktioniert, haben Sie bereits in den vorherigen Kapiteln über das Friedfischangeln erfahren. Rotaugen, Lauben und Brachsen sind hervorragende Köderfische, aber auch Barsche bringen ihren Fisch. Sollten Sie einmal keine Köderfische erbeuten können, kann man diese auch kaufen. Ich persönlich nutze diesen Service jedoch nicht, da er nicht ganz billig ist und ich eine bessere Methode habe: Hin und wieder nehme ich mir einen Tag nur für das Angeln auf Köderfische vor und friere dann einen großen Vorrat ein. Das Vorurteil, dass zuvor tiefgefrorene Köderfische angeblich schlechter fangen sollen als frisch erbeutete, kann ich durchaus nicht bestätigen.

Der Raubfischangler benötigt noch einige zusätzliche Dinge in seiner Ausrüstung. Hierzu gehören in erster Linie die Kunstköder. Was es über Blinker, Spinner und Gummifische zu sagen gibt, erfahren Sie im folgenden Kapitel über das Spinnfischen. Auf jeden Fall sollten Sie beim Raubfischangeln immer einen Rachensperrer dabei haben, wenn Sie sich nicht der Gefahr aussetzen wollen, sich an einem der über 700 Zähne des Hechtmauls zu verletzen. Und da wir gerade beim Thema Hechtzähne sind, rate ich Ihnen auch gleich noch, grundsätzlich nur mit einem Stahlvorfach auf Raubfische zu angeln. Bitte tun Sie das auch, wenn Sie auf andere Raubfische angeln, denn was Barsch und Zander mögen, wird auch ein Hecht nicht verschmähen.

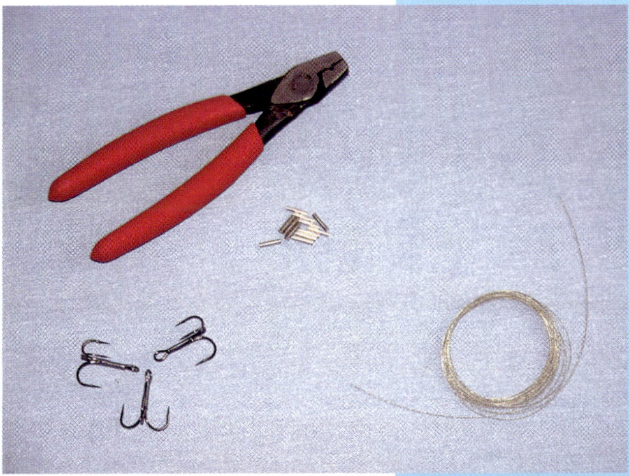

Dieses Material benötigt man zum Herstellen eines Stahlvorfachs.

Stahlvorfächer lassen sich sehr leicht selber herstellen. Zwar werden sie auch vorgefertigt angeboten, und die Qualität dieser Vorfächer ist auch meist sehr gut, doch leider sind fast alle Fertigvorfächer zu kurz geraten. Stellen Sie sich ganz einfach vor, ein Hecht von einem Meter hat gerade Ihr 25-Zentimeter-Rotauge geschluckt – sehr schnell ist da das Ende eines 40, 50 oder 60 Zentimeter langen Stahlvorfachs erreicht. Und glauben Sie mir, so schnell bekommen Sie solch einen Riesen nicht mehr an den Haken!

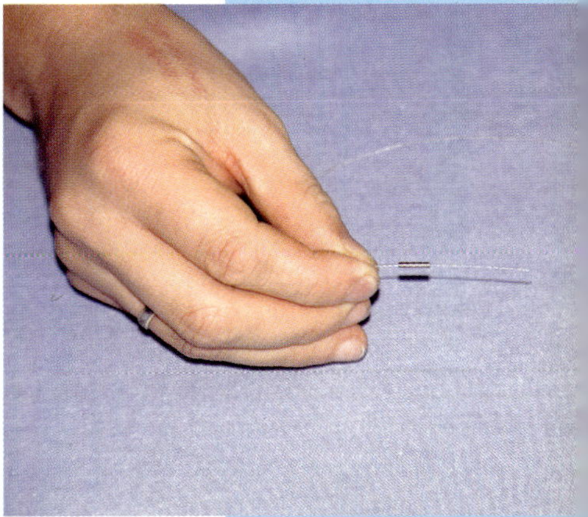

Schritt 1: Das Vorfachmaterial wird durch die Quetschhülse gefädelt.

Besorgen Sie sich also lieber Meterware, die ebenfalls im Handel erhältlich ist. Das beste Material für echte Stahlvorfächer ist 49-fädiger Stahl. Dieses Material besteht aus 49 verschiede-

Schritt 2: Man bildet eine Schlaufe und fädelt das Vorfach erneut durch die Quetschhülse.

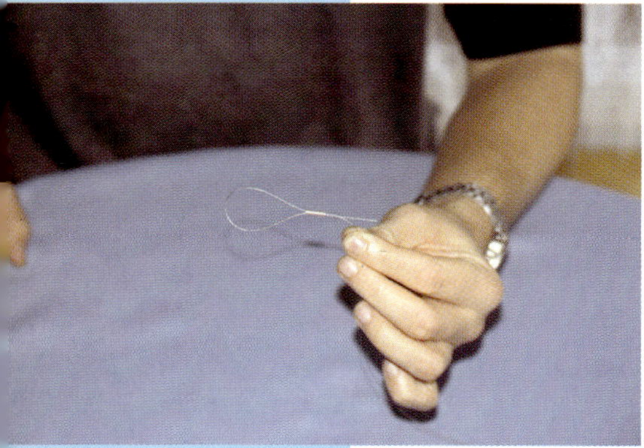

nen Stahlfäden und wird dadurch relativ weich und geschmeidig, ohne die nötige Stabilität zu verlieren. Außerdem benötigen Sie noch Quetschhülsen und eine Zange. Natürlich dürfen Sie die Haken nicht vergessen. Für ein normales Stahlvorfach empfehle ich einen Drillingshaken der Größe 1. Führen Sie nun Schritt für Schritt die folgende Anleitung zum Anfertigen eines Stahlvorfachs aus, dann kann nichts mehr schief gehen. Schneiden Sie zuerst ein Stück von 90–100 Zentimetern von der Meterware ab. Das müsste ausreichen, um ein fertiges Vorfach von 80 Zentimetern zu erhalten. Zu Beginn fädeln Sie das Vorfachmaterial durch eine Quetschhülse. Nun bilden Sie eine Schlaufe und führen das Material erneut durch die Hülse. Zur Sicherheit sollten Sie das Vorfach anschließend noch ein drittes Mal durch die Hülse führen. Wenn die Schlaufe Ihren Vorstellungen entspricht und nicht allzu viel Vorfachmaterial übersteht, nehmen Sie eine Zange und quetschen die Hülse flach. Führen Sie dann das andere Ende des Vorfachs ebenfalls durch eine Hülse, zusätzlich aber auch durch das Öhr des Drillingshakens. Nun wie auf der anderen Seite: Schlaufe bilden, wieder durch die Hülse, zur Sicherheit ein drittes Mal durch die Hülse und mit der Zange festdrücken. Und schon liegt Ihr erstes selbst gefertigtes Stahlvorfach vor Ihnen!

Schritt 3: Zur Sicherheit wird das Material ein drittes Mal durch die Hülse geführt.

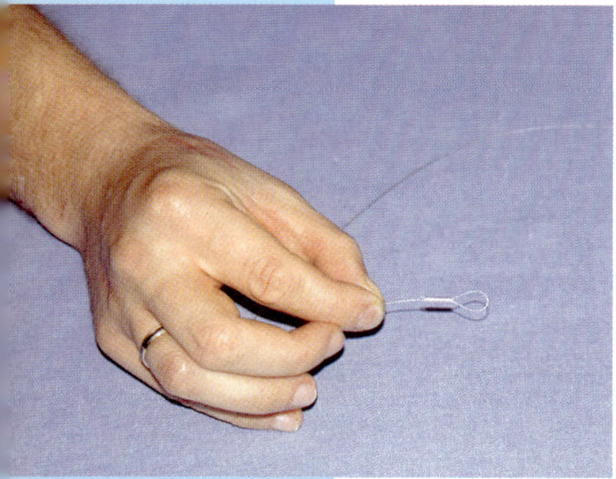

Auch für die verschiedenen Arten des Raubfischangelns genügt Ihre Allroundrute. Sollten Sie sich jedoch zu einem passionierten Spinnfischer entwickeln, werden Sie sich sicherlich früher oder später eine Spinnrute zulegen. Schon allein um den Muskelkater zu vermeiden, der unweigerlich bei längeren Spinntouren auftritt, wenn

man mit einer zu schweren Rute unterwegs ist. Auch die Angelrolle darf beim Spinnfischen etwas kleiner ausfallen, da nicht so viel Schnur benötigt wird wie sonst.

Zu Beginn Ihrer Karriere als Raubfischangler können Sie aber sowohl das Kunstköderangeln als auch das Angeln mit natürlichen Ködern mit Ihrer Allroundrute durchführen. Allerdings empfehle ich Ihnen, zumindest die Ersatzspule mit geflochtener Schnur zu füllen, da ich diese für das Spinnfischen besser geeignet halte. Das liegt daran, dass sich die geflochtene Schnur, wie früher bereits erwähnt, nicht dehnt. Wird nun also ein Kunstköder durchs Wasser gezogen und ein Räuber schnappt zu, dann fördert die fehlende Dehnung den Hakeffekt. Außerdem kann man mit der geflochtenen Schnur weiter auswerfen und somit einen größeren Bereich abfischen.

Schritt 4 (links): Die Quetschhülse wird mit Hilfe einer Zange flach gedrückt.

Schritt 5 (rechts): Am anderen Ende des Vorfachs werden alle Schritte wiederholt, nur muss nun das Material durch den Drilling und die Quetschhülse geführt werden.

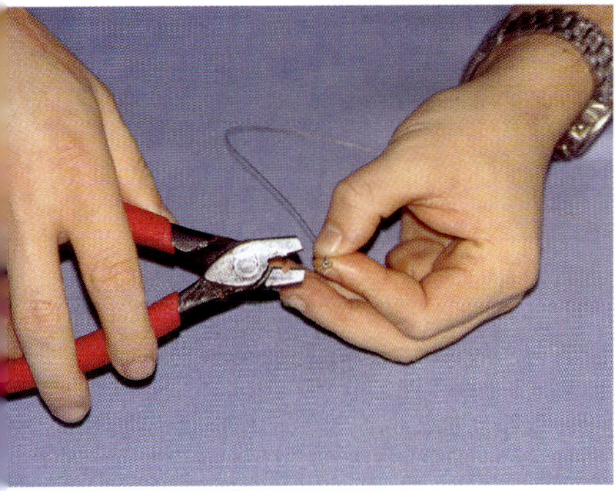

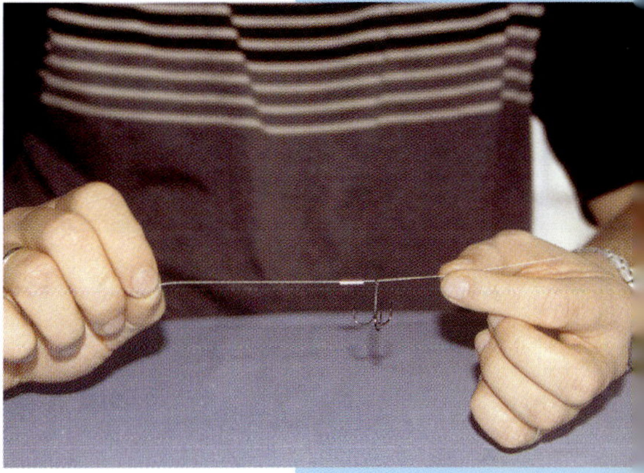

Spinnfischen

Die Bezeichnung Spinnfischen kommt nicht von den Anglern, die diese Art des Angelns ausüben, sondern von einem der verwendeten Kunstköder, nämlich dem Spinner. Trotzdem umfasst der Begriff Spinnfischen das aktive Angeln mit Kunstködern im

Spinnfischer können große Abschnitte eines Gewässers befischen.

Allgemeinen. Will man beim Spinnfischen erfolgreich sein, so sind also Aktivität und Flexibilität gefordert. Es gilt in möglichst kurzer Zeit große Gewässerabschnitte effektiv abzufischen. Darum sollten Sie nie zu viel Gepäck mit ans Gewässer nehmen: Kescher und Rute in den Händen und einen Rucksack auf dem Rücken, der die verschiedenen Kunstköder sowie die wichtigsten Utensilien wie Maßband, Messer und Fischtöter enthält. So ausgerüstet schaffe ich es beispielsweise, meinen Vereinssee von 40 Hektar Größe in knapp vier Stunden abzufischen.

Blinker in verschiedenen Farben und Größen

Kunstköder gibt es in vielen verschiedenen Varianten. So sind die Blinker noch recht einfach aufgebaut. Sie bestehen aus einem Stück

Blech, welches auf eine ganz bestimmte Weise gebogen ist. Am vorderen und auch am hinteren Ende befindet sich ein Loch, das mit einem Sprengring versehen ist. Am hinteren Sprengring befindet sich ein Drilling, am vorderen Sprengring wird der Köder ins Vorfach eingehängt. Durch die Form des Blechs taumelt der Köder durchs Wasser, sobald er durch Kurbeln eingeholt wird. Der Raubfisch soll dabei den Blinker für einen kränkelnden Kleinfisch halten, der leicht zu erbeuten scheint. Blinker gibt es in den verschiedensten Größen und Gewichten, je nachdem wie schnell der Blinker zum Grund sinken soll, wie weit er ausgeworfen wird oder welcher Räuber erbeutet werden soll.

Auch Spinner gibt es in allen Farben und Variationen.

Ein Spinner funktioniert ganz ähnlich, allerdings ist das geformte Blech in diesem Fall nur an einer Seite gelocht. Durch dieses Loch wird ein starker Draht geführt, die so genannte Spinnerachse, an deren Ende der Haken hängt. Wird der Köder nun durchs Wasser gezogen, beginnt das Blech, Spinnerblatt genannt, um die Achse zu rotieren. Dadurch wird wiederum ein kranker Kleinfisch vorgetäuscht, gleichzeitig jedoch entstehen durch die Rotation Druckwellen, die von den Räubern über ihr sensibles Seitenlinienorgan bemerkt werden können und den Raubfisch zum Angriff verleiten. Auch diese Köder werden natürlich in allen denkbaren Größen angeboten.

Wobbler wurden früher aus Holz hergestellt, werden heute jedoch überwiegend aus Plastik gefertigt. Wobbler gibt es nicht nur in verschiedenen Größen, sondern auch in allen Farben. Dabei werden meist typische Beutefische imitiert. Wundern Sie sich jedoch nicht über einen Wobbler im Hechtdesign, denn Hechte gelten als Kannibalen unter den Fischen und verschlingen nur allzu

Auch Wobbler unterscheiden sich in Farbe und Größe – und ebenso durch die verschiedenartigen Tauchschaufeln.

gern kleinere Artgenossen. Wobbler werden für verschiedene Tauchtiefen gefertigt. Der Tiefgang ist hierbei von der im vorderen Teil angebrachten Tauchschaufel abhängig. Je steiler die Schaufel, desto flacher läuft der Wobbler. Inzwischen gibt es auch bei uns die aus Amerika kommenden Popper. Dies sind schwimmende Wobbler ohne Tauchschaufel, die als Köder an der Oberfläche

entlanggeführt werden. Vor allem im Sommer ist das von Vorteil, da man so auch Seerosenfelder befischen kann, wo ansonsten jeder tauchende Wobbler hängen bliebe. Es ist immer wieder ein überwältigendes Schauspiel, wenn man miterleben darf, wie ein Hecht hinter dem Köder wie ein U-Boot aus dem Wasser auftaucht und dann schlagartig zuschnappt.

Gummifische haben den Kunstködermarkt revolutioniert.

Gummifische und Twister sind die neuesten Kunstköder auf dem Markt. Auch die Gummiköder gibt es in allen Farben und Größen. Die Gummifische haben einen platten Schwanz, der überwiegend für die zuckende Bewegung des Köders unter Wasser verantwortlich ist. Twister, die hierzulande auch Wackelschwänze

genannt werden, haben anstelle der normalen Schwanzwurzel einen oder mehrere breite Fäden, die für die Bewegung des Köders sorgen. Für das Angeln mit Gummiködern benötigen Sie außerdem so genannte Jigköpfe. Dies sind Bleiköpfe von unterschiedlicher Größe und Gewicht, die in den Kopf des Köders eingeführt werden, so dass der Haken im Rückenbereich wieder hervortritt. So lassen sich mit dem selben Köder durch Tauschen des Kopfes sehr schnell unterschiedlich schwere Köder herstellen.

Zusammenfassend lässt sich zur Unterscheidung der Köder beim Spinnfischen Folgendes sagen: Blinker und Spinner sind aus Metall, Wobbler und Popper dagegen aus Plastik sowie Twister und Gummifische selbstverständlich aus Gummi. Für die Gummiköder benötigen Sie zusätzlich noch Jigköpfe, an denen sich dann der Haken befindet.

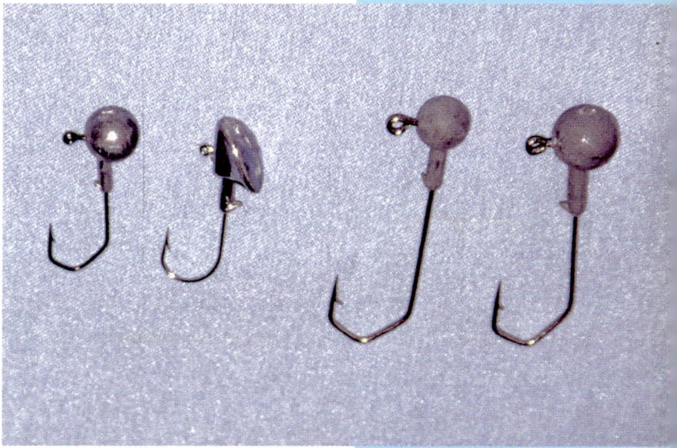

Jigköpfe gehören zu den Gummiködern. Sie werden so eingestochen, dass der Haken am Rücken des Köders wieder austritt.

Die Angeltechnik ist bei allen Kunstködern ähnlich, aber nicht identisch. Am leichtesten lassen sich Blinker und Spinner handhaben, da man hier meist über das einfache Auswerfen und Einholen zum Erfolg kommt. Natürlich kann man die Köderführung häufig sehr erfolgreich variieren. Das funktioniert über unterschiedliche Einholgeschwindigkeiten oder eben über Zwischenstopps, bei denen der Köder dann langsam in Richtung Gewässergrund taumelt. Auch Wobbler können relativ gleichmäßig eingeholt werden. Versuchen Sie aber ruhig, die Einholgeschwindigkeit zu variieren, denn dadurch geht der Wobbler entsprechend schneller auf Tiefgang oder steigt sogar leicht nach oben. Auf jeden Fall haben Richtungswechsel schon so manchen Raubfisch zum Anbiss verleitet.

Die meisten Hinweise zur Köderführung benötigen Sie jedoch bei den Gummiködern. Diese Köder haben durch ihre Form zwar auch beim einfachen Einholen eine gewisse Eigenbewegung, große Erfolge werden Sie aber auf diese Art sicher nicht verbuchen. Gehen Sie deshalb besser folgendermaßen vor: Werfen Sie den Köder aus, und lassen Sie ihn nun bei leicht gespannter Schnur zum Grund absinken. Die Schnur muss bereits leicht gespannt sein, da häufig bei dieser ersten Absinkphase schon ein Biss erfolgt und Sie bei gespannter Schnur am besten spüren, wann ihr Köder am

Grund angekommen ist. Nun zupfen Sie durch leichtes Anheben der Rutenspitze und darauf folgendes Einkurbeln der Schnur den Köder über den Grund. Der Köder sollte so Stück für Stück bis zum Ufer über den Grund hüpfen. Dies ist die erfolgreichste Köderführung für Gummiköder.

Gerade an einem Fluss lassen sich große Gewässerstrecken systematisch abfischen.

Abschließend kann man zur Köderführung zusammenfassend sagen, dass zwar für jeden Kunstköder gilt: auswerfen und wieder einholen. Und selbst bei einem stets gleichmäßigen Einholen des Kunstköders können Sie bereits Erfolg haben. Ein größeres Fangergebnis verspricht allerdings das Variieren der Köderführung. Dies gilt vor allem für Gummiköder, die Sie nach Möglichkeit über den Gewässergrund hüpfen lassen sollten.

Auch beim Spinnfischen gilt: niemals ohne Stahlvorfach. Allerdings können Sie beim Angeln mit Kunstködern auf die fertigen Stahlvorfächer zurückgreifen, denn beim Spinnfischen wird der Köder nicht vollständig geschluckt. Daher reichen Stahlvorfächer von 20–40 Zentimeter Länge völlig aus.

Angeln mit natürlichen Ködern

Das Angeln mit einem echten Köderfisch ist sehr abhängig von der Fischart, auf die Sie es als Angler abgesehen haben. Entsprechend würde es wohl zu weit führen, hier jede erdenkliche Angelart für jeden Raubfisch zu erklären. Daher möchte ich mich stellvertretend auf unsere drei wohl meist beangelten Raubfische beschränken: Aal, Zander und Hecht.

Auch Jungangler können große Zander fangen.

Über den Aal gibt es die unheimlichsten Erzählungen. Meist ist der Wahrheitsgehalt dieser Geschichten eher fragwürdig. Richtig ist allerdings, dass der Aal ein echter Überlebenskünstler ist. So können Aale im Notfall über Land von einem Gewässer in das andere wechseln. Das ist dann aber wirklich ein eher ungewöhnlicher Fall – normalerweise trifft man keine Aale beim Spaziergang. Auch bei der Sinneswahrnehmung ist der Aal einsame Spitze unter den Fischen. Biologen haben festgestellt, dass der Aal einen Aromastoff, welcher in einen Fingerhut passt, noch in der 58-fachen Wassermenge des Bodensees verdünnt riechen kann. Diese außergewöhnliche Sinnesleistung hat für uns Angler natürlich Bedeutung, denn kein Fisch riecht seine Beute so gut wie der Aal.

Also vermeiden Sie es bitte, direkt auf dem Weg zum Angeln noch schnell zu tanken, und stecken Sie ihre Zigarette erst an, wenn die Köder im Wasser sind. Ihr Erfolg wird mir Recht geben.

Das Ergebnis einer Aalnacht am See: drei Aale – und auch ein Karpfen

Das Angeln auf Aal funktioniert mit Pose, aber auch mit Grundblei. Beim Posenangeln geht man genauso vor wie beim Friedfischangeln. Im Stillwasser können Sie feine, fest stehende Posen verwenden, wenn die Wassertiefe dies zulässt. Beim Posenangeln sollten Sie ein Knicklicht beispielsweise mit Klebestreifen an der Posenantenne befestigen. Besser ist es natürlich, sich gleich eine Knicklichtpose anzuschaffen. Bei diesen Posen können Sie nach Belieben ein Knicklicht in die durchsichtige Antenne einführen. Das Grundangeln auf Aal ist sicher verbreiteter als das Angeln

mit der Pose. Als Grundblei empfehle ich leichte Sargbleie. Das sind gelochte Sechskantbleie, die gut auf der Schnur laufen, weil sie sehr stabil auf dem Boden liegen ohne wegzurollen. Bei schlammigem Untergrund rate ich Ihnen zu Stehaufbleien wie dem Tiroler Hölzchen. Wählen Sie das Blei so, dass die Montage gerade eben am Grund zum Liegen kommt.

Der beste Köder für Aale ist der Tauwurm. Zwar werden bei kleinen Köderfischen die größeren Exemplare gefangen, aber wer fair zum Fisch sein will, muss beim Aalangeln mit Köderfisch eigentlich ein Stahlvorfach verwenden, um auf eventuelle Hechtattacken vorbereitet zu sein. Das bedeutet aber, dass Ihre Chancen auf Aal dadurch erheblich sinken. Würmer haben jedoch noch einen weiteren Vorteil: Ihre Bissausbeute ist bedeutend höher als mit Köderfischen. In einer schwülen, dunklen Sommernacht haben Sie mit Tauwürmern fast eine Fanggarantie. Aale sind absolut nachtaktiv. Schon wenn Ihnen ein heller Vollmond entgegenscheint, müssen Sie mit sehr wenigen Bissen rechnen. Als Haken empfehle ich Ihnen die speziellen Fertigvorfächer für Aale. Diese Haken sind recht groß, und mit der Hakengröße 4 liegen Sie eigentlich immer richtig. Die Schnurstärke sollte nicht zu dünn gewählt werden, denn Aale versuchen meist, direkt nach dem Anhieb in ein Hindernis zu entkommen. Aus diesem Grund sollten Sie von Beginn an Druck auf den Fisch ausüben. Mit einer Schnurstärke von 0,30 Millimeter liegen Sie richtig.

Auch auf Zander kann man sowohl mit der Posenmontage als auch mit der Grundmontage fischen. Die Köderfische sollten nicht zu groß sein. 15 Zentimeter empfehle ich als Obergrenze – kleiner dürfen Sie natürlich sein. Sehr zu empfehlen sind die so genannten Fetzenköder, also zerschnittene Köderfische. Hierbei eignen sich die einzelnen Hälften am besten, egal ob Kopf- oder Schwanzhälfte. Allerdings lassen sich ebenfalls auch andere Teile – wie beispielsweise Teile der Flanke von großen Rotaugen – ver-

wenden. Beim Zanderangeln sollten Sie relativ leichte Posen verwenden. Ich empfehle eine Tragkraft zwischen 10 und 20 Gramm. Beim Grundangeln genügt auch hier ein leichteres Blei, um die Montage auf den Boden zu bringen. Ich empfehle Ihnen jedoch ein Blei, welches an einem auf der Schnur laufenden Plastikröhrchen befestigt wird. Die Hauptschnur muss ebenfalls nicht dicker als beim Aalangeln sein, trotzdem würde ich 0,30 Millimeter nicht unterschreiten.

Nachts jagen die Zander in Ufernähe.

Beim Zanderangeln verwendet man meist spezielle Haken. Am häufigsten werden Zwillingshaken benutzt. Diese Haken haben eine Spitze, die später im Maul des Fisches greifen soll, und eine zweite Spitze, die Sie zuvor in den Köder einstechen. Auch für das Zanderangeln gibt es Fertigvorfächer, diese sind jedoch meist mit monofiler Schnur ausgestattet. Ich möchte Sie jedoch bitten, auf jeden Fall mit Stahlvorfach zu angeln. Die modernen 49-fädigen Materialien sind geschmeidig genug für das Angeln auf den scheuen Zander, aber auch stark genug, um einem versehentlich gehakten Hecht zu widerstehen. Außerdem gibt es noch die so genannten Kevlarvorfächer. Sie sind ebenfalls eine Alternative, da sie sehr unauffällig bleiben und trotzdem einem Hecht zumindest eine Weile Paroli bieten. Ich weise nur deshalb so intensiv auf das richtige Material hin, weil es überall zu einer Unart geworden ist, besonders fein zu fischen, ohne auf die vielen Verluste Rücksicht zu nehmen. Bitte denken Sie immer daran, dass Sie bei einem Schnurbruch nicht nur Ihr Material verloren haben, sondern auch ein Lebewesen zukünftig mit Ihrem Material im Maul herumschwimmen muss.

Zander können zu jeder Zeit gefangen werden, die beste Beißzeit ist jedoch der frühe Morgen, der späte Abend und die Nacht. Nachts haben Sie gute Chancen in Ufernähe, da die Fische mit der Dunkelheit in diesem Gebiet auf Beutesuche gehen. Der Zander ist wirklich ein sehr scheuer Fisch, deshalb müssen Sie ihn vor dem Anhieb Schnur nehmen lassen. Dies gilt für das Grundangeln genauso wie für das Fischen mit der Pose. Allerdings sind Zander derart empfindlich, dass Sie auf jeden Fall den Schnurfangbügel öffnen müssen. Schon der leichte Widerstand, den ein guter Freilauf hat, könnte den Zander so misstrauisch machen, dass er die Beute rechtzeitig wieder ausspuckt.

Bei schlechter Witterung beißen oft die großen Hechte.

Der Hecht ist in Europa der Raubfisch Nummer eins. Auch für ihn gilt, dass er mit Posen- und Grundmontage befischt werden kann. Beginnen möchte ich mit der Posenmontage. Hier muss man natürlich bedenken, dass der Köderfisch ein deutlich höheres Gewicht hat als beispielsweise ein Maiskorn. Aus diesem Grund müssen Sie eine Pose verwenden, die eine recht hohe Tragkraft hat: Eine Tragkraft von mindestens zehn Gramm ist notwendig, 20–40 Gramm sind besser. Dementsprechend benötigen Sie zum Ausbleien der Pose auch mehr Blei. Ich empfehle ein größeres Kugel- oder Olivenblei mit Lochung und zusätzlich noch Schrotbleie. Ebenso sollte der Wirbel eine Nummer größer gewählt werden: Wirbel der Größe 4 müssen es auf jeden Fall sein, die Größe 2 ist sicherer. Benutzen Sie immer Karabinerwirbel, denn ein Stahlvorfach ohne Karabiner zu wechseln, ist sehr aufwändig. Vom Stahlvorfach hatte ich ja bereits gespro-

chen. Trotzdem noch einmal: Fischen Sie nie ohne Stahlvorfach auf Hecht!

Auch kleine Hechte verschlingen bereits recht große Rotaugen. Achten Sie also immer auf das Schonmaß!

Als Köder sollten Sie ganze Köderfische verwenden. Diese Köderfische können ruhig eine Größe von 15 Zentimetern überschreiten. Der häufigste Köderfisch ist sicher das Rotauge. Darum erkläre ich Ihnen nun, wie Sie ein Rotauge am Stahlvorfach befestigen: Zuerst muss das Rotauge seitlich mit einer Ködernadel durchstochen werden – und zwar direkt unter der Rückenflosse. Hängen Sie nun das Stahlvorfach in die Ködernadel ein, und ziehen Sie es ganz durch das Rotauge hindurch. Anschließend sollten Sie den Drilling im Kiemenbereich des Rotauges verankern und zum Schluss das Stahlvorfach in Ihren Karabinerwirbel einhängen.

Nun müssen Sie nur noch wissen, wo die Hechte zumeist stehen. Grundsätzlich gilt auch hier: Ein Köder in Bodennähe ist immer richtig. Jedoch weist das Maul des Hechtes darauf hin, dass er seine Nahrung in Richtung Oberfläche aufnimmt. Also lohnt es sich immer, den Köderfisch auch einmal einen halben oder ganzen Meter über dem Grund anzubieten. Vor allem in wärmeren Zeiten ist der Hecht häufig in flacheren Regionen zu finden. Steht der

Hecht dagegen in Bodennähe, kann man natürlich auch mit einer Grundmontage angeln. Zu empfehlen ist dies vor allem, wenn man es auf die besonders großen Exemplare abgesehen hat. Das Blei montieren Sie am besten am Plastikröhrchen, da das den Schnurlauf verbessert. Bei Schlammgrund sollte es ein Tiroler Hölzchen sein, ansonsten verwenden Sie einfach ein Blei, das schwer genug ist, die Montage zum Grund zu bringen. Scheuen Sie nicht davor zurück, einen Köderfisch von 20 Zentimetern zu verwenden. Allerdings sollten Sie solche Brocken mit einem Doppeldrilling am

Stahlvorfach befestigen. In diesem Fall wird der Köder im Bereich der Schwanzwurzel mit der Ködernadel durchstochen und anschließend das Vorfach durchgezogen. Ein Drilling wird wieder im Kiemenbereich des Rotauges befestigt, der zweite gehört in die Flanke des Köderfischs. Als Bissanzeiger empfehle ich einen elektronischen Bissanzeiger. Beim Grundangeln auf Hechte sollten Sie

Solch ein großer Hecht wird nicht jeden Tag gefangen.

Welse haben gewaltige Mäuler mit vielen Bürstenzähnen.

zusätzlich dafür sorgen, dass der Fisch Schnur nehmen kann. Stellen Sie also die Rollenbremse extrem leicht ein, oder öffnen Sie den Schnurfangbügel. Perfekt ist natürlich eine Freilaufrolle.

Als beste Fangzeit ist die Morgendämmerung zu empfehlen. Zwar habe ich auch schon einige Hechte abends gefangen, trotzdem habe ich das Gefühl, dass die abendliche Beißzeit deutlich kürzer ist. Und bei trübem Wetter kann man den Hecht eigentlich den ganzen Tag über fangen. Denken Sie daran, dass der Hecht große Köderfische liebt. Beachten Sie deshalb unbedingt, dass Sie die Schwimmblase des Köderfischs durchstechen müssen, ansonsten wandert Ihr Köder in Richtung Oberfläche und die eingestellte Angeltiefe nutzt leider überhaupt nichts. Normalerweise findet man den Hecht meist in Bodennähe, aber gerade im Sommer muss man ihn häufig auch in höheren Schichten suchen.

Ein schöner Portionshecht für die Küche

KARPFENANGELN

Moderne Karpfenköder

Seit der Erfindung des Boilies und der damit verbundenen Angeltechniken hat sich das Karpfenangeln völlig geändert. Karpfen von über zehn Kilogramm, die früher als kapital galten, sind heute normale Fische. Selbst in Deutschland werden regelmäßig Giganten von mehr als 25 Kilogramm gefangen. Darum kann man ganz klar sagen, der Karpfenköder Nummer eins ist der Boilie, der ursprünglich in England entwickelt wurde. Er besteht aus verschiedenen Mehlen, Eiern und anderen Zusätzen, wird geknetet, zu Kugeln gerollt und dann gekocht: daher Boilie (engl. *to boil* = kochen). Viele Karpfenangler stellen ihre Boilies selber her. Inzwischen gibt es aber auch viele verschiedene Boilies als Fertigprodukte zu kaufen, die fast alle eine recht gute Qualität haben.

Ob dieser kapitale Karpfen wohl durch die guten Boilies so groß wurde?

Wollen Sie jedoch gleich richtig ins Karpfenangeln einsteigen, so können Sie Ihre Boilies auch selber zubereiten. Zu deren Herstellung benötigt man einige zusätzliche Geräte. Wichtig sind vor allem eine Teigspritze sowie das so genannte Table. Die Teigspritze ähnelt den Silikonspritzen, die Klempner zum Ausspritzen von Fugen verwenden, und ist für den Handbetrieb erhältlich, bezie-

hungsweise wird mittels Luftdruck betrieben. Allerdings benötigt man für diese so genannten Air-Guns natürlich noch einen Kompressor. Das Table ist ein Gerät, das aus zwei Plastikplatten mit Rillen besteht. Legt man auf das Table eine Teigwurst, die aus der Teigspritze kommt, und reibt die beiden Platten gegeneinander, entstehen so die Kugeln. Beide Gerätschaften sind im Handel erhältlich, allerdings nicht immer vorrätig, können aber problemlos bestellt werden. Ich persönlich verwende zum Teigkneten eine starke Bohrmaschine mit einem großen Knethaken. Zwar kann auch von Hand geknetet werden, jedoch sollten Sie bedenken, dass der Teig eine Festigkeit erhalten soll, die der von Brotteig in nichts nachsteht. So haben Sie bei der Zubereitung von Hand anschließend mit Sicherheit einen gewaltigen Muskelkater.

Für die trockenen Bestandteile des Teigs benötigen Sie beispielsweise Fischmehl, Sojamehl, Nussmehl, Vogelfutter und verschiedene Milchpulver. Es gibt noch eine ganze Reihe anderer Zutaten, aber man kann ja klein anfangen. Die flüssigen Bestandteile sind Eier, Sweetener, Flavour und gegebenenfalls Konservierungsstoffe. Auf Sweetener und Flavour können Sie aber auch verzichten, denn der süße, fruchtige Geruch des Köders lockt eher den Angler als den Fisch. Auf ein Kilogramm Trockenmix benötigen Sie ungefähr zehn Eier. Zuerst werden die trockenen Bestandteile vermischt, dann die flüssigen. Nun wird beides zusammengeschüttet und kräftig

Mit der richtigen Ausrüstung ist die Herstellung von Boilies ein Kinderspiel.

geknetet – der Teig muss wie gesagt eine sehr feste Konsistenz haben. Sobald Ihnen kein Teig mehr an den Fingern kleben bleibt, ist die Festigkeit ausreichend. Nun wird er nach und nach in die Teigspritze gefüllt und anschließend werden kleine Teigwürste gespritzt. Auf dem Table entstehen dann wie oben bereits erwähnt die Kugeln, die aber noch roh sind. Deshalb müssen sie noch ungefähr drei Minuten gekocht werden, die exakte Zeit kann man nicht genauer angeben. Sie müssen einfach nur darauf achten, wann die Boilies an die Wasseroberfläche kommen und zu schwimmen beginnen, dann können sie abgeschüttet werden. Die Boilies sollten anschließend noch mindestens 12–24 Stunden getrocknet werden, dann sind sie bereit zum Einsatz.

Futter „bei die Fische“: Die Teigbälle liegen zum Anfüttern bereit.

Hier ein erstes fängiges Rezept, welches ich Ihnen vorschlagen möchte: der Nuss-Birdy-Boilie. Für ihn benötigen Sie 350 Gramm Nussmehl, 250 Gramm Sojamehl, 200 Gramm Vogelfutter, 100 Gramm Weizengrieß, 100 Gramm Lactalbumin sowie zehn Eier und eventuell 15 Milliliter Sweetener und 20 Milliliter Flavour mit der gewünschten Geschmacksrichtung.

Köder Nummer 2 sind die Pellets. Pellets sind im Grunde genommen Köder, die dem Boilie sehr ähnlich sind. So kann ein Pellet aus den gleichen Bestandteilen bestehen wie ein Boilie. Allerdings werden Pellets meist nicht zu Kugeln gerollt, sondern am Stück geschnitten. Außerdem werden sie nicht gekocht, sondern an der Luft getrocknet. Hierdurch lösen sie sich im Wasser schneller auf, was einen unbestreitbaren Vorteil hat, nämlich die intensivere Lockwirkung. Allerdings hat dies auch einen Nachteil: Verwendet man Pellets als Hakenköder, sollte man in relativ regelmäßigen Abständen kontrollieren, wie weit sich der Köder

bereits aufgelöst hat. Aber zum Anfüttern gibt es nichts Besseres als Pellets. Zu den Pellets gehören außerdem viele Produkte aus der Tieraufzucht. Zum Beispiel das gepresste Forellen-Aufzuchtmittel Forelli, die gepressten Getreidepellets für Rinder und Schafe sowie auch die verschiedenen Hundetrockenfutter.

Als letzten erfolgreichen Köder möchte ich die Partikel erwähnen. Partikel gab es eigentlich schon immer, nur werden diese Köder im Zeitalter des modernen Karpfenangelns nun eben unter diesem Namen zusammengefasst. Partikel sind also alle Köder, die in Form von Körnern vorliegen, also Mais, Hanf, Tigernüsse und Ähnliches. Hierbei gilt: In der Futtermühle ist es günstiger. Gerade im Fall von Mais lohnt sich der Weg zur Futtermühle allemal, denn Sie benötigen ihn auf jeden Fall zum Karpfenangeln, egal ob als Köder oder nur zum Anfüttern. In der Mühle müssen Sie zwar eine größere Menge kaufen, dafür ist der Mais aber extrem billig. Außerdem ist der Futtermais größer und härter als herkömmlicher Dosenmais. Dadurch bekommen Sie nicht zu viele Kleinfische auf den Platz.

Ausrüstung für den Karpfenfang

Als geradezu revolutionär hat sich die Entwicklung der so genannten Selbsthakmontage erwiesen. Möchte man diese so einfach wie möglich erklären, so kann man sagen, dass die Selbsthakmontage auf zwei Merkmalen aufbaut: erstens der Haken mit Köder am so genannten Haar und zweitens das Festblei auf der Hauptschnur. Alle Köder, ob Boilie, Pellets, Mais oder Tigernuss, werden auf das „Haar“ aufgezogen und mit einem speziellen Stopper fixiert. Bei der Haarmethode macht man sich das Verhalten der Karpfen bei der Nahrungsaufnahme zunutze. Wie schon im Kapitel über die Köder für Friedfische beschrieben, saugen Karpfen die Nahrung ein, um sie auf Fressbarkeit zu testen. Der Köder

Eine Rute mit durchgehender Aktion ist beim Drill eines Karpfens von Vorteil.

wird deshalb frei am Haken befestigt. Das bedeutet, dass der Köder an der Verlängerung des Vorfachs befestigt wird, welche dann ein Stück unter dem Hakenbogen endet. Als diese Methode erfunden wurde, benutzte man noch nicht die Verlängerung des Vorfachs, sondern Haare oder zumindest dünne Extraschnüre. Daher kommt auch der Name „Haar-Montage“. Der Karpfen saugt nun also den Köder ein und nimmt zwangsläufig auch den Haken mit auf. Bemerkt der Karpfen seinen Fehler, versucht er den Köder wieder auszuspucken. Dadurch dringt die Hakenspitze bereits leicht ins Maul des Fisches ein. Dies führt zu einer Fluchtreaktion und der Fisch schwimmt sofort gegen das Festblei, wodurch der Haken sich endgültig festsetzt.

Kommen wir jetzt zur gesamten Montage. Beginnen wir beim Haken: Es gibt inzwischen auch Fertigvorfächer für die Haarmethode, die für den Anfang sicher ausreichen. Sie sollten Haken der Größe 2 bis 6 verwenden und darauf achten, dass die Haken wirklich scharf sind. Früher oder später fertigt jeder Karpfenangler seine Vorfächer selbst, darum finden Sie in diesem Kapitel eine

Zeichnung vom so genannten No-Knot-Knoten, der bei der Haarmethode am häufigsten verwendet wird. Beim modernen Karpfenangeln sollten Sie das Vorfach direkt an den Wirbel knoten, denn der Karabiner ist nicht nur ein Schwachpunkt in der Montage, sondern sorgt möglicherweise auch noch für unnötige Verwicklungen beim Auswerfen.

Kommen wir nun zum Blei. Das Blei wird so montiert, dass es fest an einer Stelle sitzt. Dazu möchte ich zwei Möglichkeiten erläutern. Die Erste ist das so genannte Safety-Bolt-Rig oder Security-Rig, bei der ein kleines Plastikröhrchen verwendet wird. An dem Röhrchen befindet sich ein Clip, in den das Blei eingehängt wird. In das Röhrchen zieht man den Wirbel ein, wodurch das Blei befestigt wird. Diese Konstruktion nennt man so, weil der Fisch bei Schnurbruch das Blei sicher wieder los werden kann. Die zweite Variante ist das Inline-Blei, bei der die Schnur durch das Blei läuft. Am Ende des Bleis befindet sich ein Gummi, in das der Wirbel des Vorfachs eingezogen wird, und schon sitzt das Blei fest. Damit der Selbsthakeffekt funktioniert, müssen schwere Bleie mit 90 bis 200 Gramm verwendet werden. Ich benutze meistens Bleie um 150 Gramm, nur an Gewässern, an denen ich auf das Auswerfen angewiesen bin, greife ich auf kleinere Gewichte zurück.

Der so genannte Rod Pod erleichtert das Warten auf den Biss.

Außerdem kommt noch ein Plastikschlauch zum Einsatz, der so genannte Anti-Tangle-Schlauch. Er hat einen Durchmesser von etwa einem Millimeter. Durch diesen Schlauch wird die Hauptschnur ge-

zogen. Wie der Name schon sagt, sollen durch diesen Schlauch Verwicklungen beim Auswerfen verhindert werden. Deshalb muss der Schlauch länger als das Vorfach sein, denn nur so kann das Vor-

Mit nur einer Hebeleinstellung lässt sich bei der Freilaufrolle die normale Bremskraft ausschalten.

fach ohne Verwicklung vom Schlauch abrutschen. Natürlich müssen die Vorfächer beim Karpfenangeln der Situation angepasst werden. Im Durchschnitt liegen Sie jedoch bei einem Vorfach mit einer Länge von etwa 20 Zentimetern richtig.

Die moderne Art des Karpfenangelns ist eine anstrengende Tour, weshalb man gut beraten ist, einige Ausrüstungstipps wirklich zu beherzigen. Selbstverständlich kann man mit den anfangs beschriebenen Allroundruten auch auf Karpfen angeln, und das ist durchaus empfehlenswert. Jetzt geht es jedoch um die Jagd auf kapitale Karpfen: also auf Exemplare von 10–50 Pfund! Für diese Art des Angelns benötigen Sie eine spezielle Karpfenrute. Da diese Angeltechnik aus England kommt, sind auch alle technischen Begriffe aus dem Englischen entlehnt. So sollte Ihre Karpfenrute eine Länge von 11–13 Fuß haben, was ungefähr 3,30–3,90 Metern ent-

Ein Safety-Bolt-Rig im Einsatz

spricht. Außerdem werden Karpfenruten nicht nach dem Wurfgewicht, sondern nach Testkurven beurteilt, die in englischen Pfund (lbs) angegeben werden. Karpfenruten haben eine Testkurve von 2–3,5 lbs. Dies entspricht wiederum einem Wurfgewicht von 50–90 Gramm. Die Ruten haben ein sehr starkes Rückgrat und dabei trotzdem eine durchgehende Aktion. Dadurch lassen sich beim Drill die extremen Fluchten besser abfedern und gleichzeitig sehr hohe Wurfweiten erreichen. Sollten Sie sich also zum Einstieg in das moderne Karpfenangeln entschließen, empfehle ich Ihnen, dass Ihre erste Rute eine 12-Fuß-Rute mit einer Testkurve von 2,5 lbs sein sollte. Mit dieser Rute können Sie fast alle möglichen Angelsituationen beherrschen.

Auch bei Rolle und Schnur sind Besonderheiten zu beachten. Beim Karpfenangeln haben sich große Stationärrollen mit Freilauf durchgesetzt. Der Freilauf sorgt dafür, dass durch das Umlegen eines Hebels die normale Bremskraft der Rolle aufgehoben wird. Dadurch kann der Fisch ungehindert Schnur nehmen. Beim An-

schlag springt dieser Hebel wieder zurück und man kann sofort mit der vorher eingestellten Bremskraft den Drill aufnehmen. Da ein großer, kampfstarker Karpfen im Lauf eines Drilles durchaus bis zu 100 Meter Schnur von der Rolle reißen kann, müssen Sie Rollen verwenden, die ein Schnurfassungsvermögen von etwa 300 Metern 0,35-Millimeter-Schnur besitzen.

Damit sind wir auch schon beim Thema Schnur. Der Durchmesser Ihrer Schnur sollte nicht unter 0,30 Millimeter liegen. Ich empfehle Ihnen sogar eher eine Monofilschnur von 0,35 Millimeter. Es gibt zwar den einen oder anderen Karpfenangler, der inzwischen mit geflochtenen Schnüren fischt, ich halte davon jedoch überhaupt nichts. Ich will Ihnen das auch kurz erläutern: Ein Merkmal von geflochtener Schnur ist eben die extrem geringe Dehnbarkeit. Aber genau das ist beim Karpfenangeln ein sehr wichtiger Punkt. Stellen Sie sich vor, dass am Ende Ihrer Schnur in etwa 80 Metern Entfernung ein 20-Pfund-Karpfen tobt. Allein durch die große Distanz geht schon eine Menge Feingefühl beim Drill verloren. Darum sind Sie auf die Dehnbarkeit der Schnur als zusätzlichen Puffer angewiesen, denn ansonsten ist die Gefahr extrem erhöht, dass der Haken aus dem Maul ausschlitzt. Ich empfehle Ihnen also für das Karpfenangeln unbedingt Monofilschnur. Diese hat eine größere Dehnung, was beim Drill hilft, den Fisch zu ermüden. Die Schnurstärke sollte bei 0,35 Millimeter liegen.

Elektronische Bissanzeiger und Swinger sorgen für eine perfekte Bisserkennung.

Kommen wir nun zur Bissanzeige: Ich empfehle Ihnen von Anfang an elektronische Bissanzeiger. Warum? Ganz einfach: Karpfenangeln ist ein absolutes Geduldsspiel, und ohne elektronischen Bissanzeiger müssten Sie zu jedem Zeitpunkt ein Auge auf Ihre Rute haben – und dies gilt auch, wenn Sie mit einem Einhänger fischen. Ein Biss erfolgt aber meistens dann, wenn man gerade nicht konzentriert ist. Ein starker Fisch, dessen Anbiss nicht bemerkt wird, findet innerhalb kürzester Zeit eine Zuflucht unter Wasser, von der er nicht mehr wegzubekommen ist. Liegt Ihre Rute jedoch auf einem elektronischen Bissanzeiger, ertönt beim Schnurabzug sofort ein durchgängiger Piepton. Diesen Biss können Sie nicht verpassen, und so werden Sie immer rechtzeitig an Ihrer Rute sein.

Der No-Knot-Knoten ermöglicht die Köderpräsentation am Haar.

Mit Geduld auf dicke Karpfen

Kommen wir jetzt zum Karpfenangeln selbst. Das Anfüttern gehört zum Karpfenangeln wie das Wasser zum Nudeln-

Mit der richtigen Ausrüstung hat man keine Probleme mit solch dicken Brocken.

kochen. Dabei gilt wieder: Der Fisch muss an den Platz und an das Futter gewöhnt werden. Entsprechend sollten Sie im Futter also auf jeden Fall Bestandteile verwenden, die später auch als Köder dienen. Beachten Sie unbedingt die Jahreszeit, denn Karpfen haben in der kalten Jahreszeit einen verringerten Stoffwechsel und nehmen dann weniger Nahrung zu sich.

Dies ist eine schon recht ausgefallene Methode zum Anfüttern!

Aber beginnen wir im Frühjahr: Je kälter das Frühjahr, desto weniger sollte angefüttert werden. Trotzdem darf man nicht vergessen, dass die Karpfen irgendwann im Frühjahr mit dem Fressen beginnen müssen, denn jeder Winter geht einmal zu Ende. Auf jeden Fall gilt es, im Frühjahr auch Partikel im Futter zu haben. Ich benutze meist eine Futtermischung aus Paniermehl, Maismehl, Hanfmehl und einem großen Anteil Futtermais. Vergessen Sie bitte niemals, den Futtermais vor der Verwendung 24 Stunden zu wässern und aufzukochen. Tun Sie dies nicht, quillt der Mais im Magen der Fische und verursacht unnötige Schmerzen. Meine Futtermischung rolle ich zu tennisballgroßen Kugeln und friere diese ein. Schon am nächsten Tag lassen sich diese gefrorenen Bälle mit der Futterkelle bis zu 50 Meter weit werfen. Zusätzlich zu dieser Futtermischung füttere ich immer einige Boilies, da ich zumindest eine Rute immer mit einem Boilie als Köder bestücke. Im Sommer füttere ich nur noch Boilies an, da sich die Fische inzwischen sowieso an den Platz gewöhnt haben sollten. Beim Füttern im Sommer müssen Sie stets

auf die Witterung achten, denn sobald es zu warm ist, fressen die Karpfen wieder weniger. Das bedeutet also: Bei milder Sommerwitterung viel füttern, an sehr heißen Tagen aber eher weniger. Der Herbst ist für Karpfen dagegen eine reine Fresszeit. Irgendwie spüren die Karpfen den herannahenden Winter und schlagen sich vorsorglich den Magen voll. In einem milden Herbst kann man mit Rekordfängen rechnen und entsprechend füttert man deutlich mehr als sonst. Allerdings sollte man dabei vernünftig bleiben. Ich habe schon Leute gesehen, die jeden Tag an ihr Vereinsgewässer gingen und täglich zehn Kilogramm Futter einbrachten. Dies ist nicht nur völlig unnötig, sondern auch für die Qualität des Wassers schädlich, da alles, was nicht gefressen wird, verdirbt. Im Winter gilt es dann, extrem sparsam zu füttern. Wer genau weiß, wo die Karpfen stehen, kann nun sogar ganz auf das Anfüttern verzichten, denn die Karpfen fressen nur äußerst zögerlich. Fressen jedoch tun sie, also kann man sie auch im Winter gezielt fangen.

Gut gefüttert, ist halb gefangen – trotzdem gilt: niemals übertreiben.

Haben Sie Ihren Platz nun ausreichend mit Futter präpariert und Ihre Köder ausgelegt, kann das Warten beginnen. Ihre Ruten sollten im Normalfall so abgelegt werden, dass die Schnüre so früh wie möglich ins Wasser führen. Dadurch kann kein Wind auf die Schnur drücken und auch für den Bissanzeiger ist dieser Winkel am besten. Man erhält so also eine optimale Bisserkennung. Fischen Sie jedoch an Krautfeldern oder im Fluss, müssen die Ruten steil aufgerichtet sein, damit so wenig Schnur wie möglich im Wasser ist. Anschließend ist Ausdauer gefragt. Genießen Sie diese Momente! Beim

Karpfenangeln kann man wunderbar Eindrücke aus der Natur in sich aufnehmen – bis der durchgängige Piepton aufheult und Sie, getrieben von Adrenalin, an die Rute springen werden.

Dieser Koi ist ein ausgesprochen exotischer Beifang!

Abschließend noch ein paar Dinge zum Anfüttern, die mir wirklich am Herzen liegen. Beachten Sie unbedingt Jahreszeit und Witterung. Karpfen verringern bei kalter Witterung ihren Stoffwechsel und reduzieren dementsprechend auch die Nahrungsaufnahme. Das Gleiche gilt für heiße Phasen im Sommer. Das bedeutet für den Angler: Sowohl bei kalter als auch bei extrem heißer Witterung wird nur wenig gefüttert. Das moderne Karpfenangeln schließt das Empfinden der Tierwelt und der Natur so stark mit in das Hobby ein wie kaum eine andere Art des Angelns. Aus diesem Grund wird die Schar der reinen Karpfenangler auch immer größer. Bedenken Sie aber, dass Sie nur ein Hobby betreiben – und lassen Sie sich nicht vom Fang- und Gewichtswahn treiben.

Bei manchen außergewöhnlichen Färbungen der Fische – wie diesem Karpfen – spielt das Gewicht kaum eine Rolle mehr.

MEERESANGELN

Brandungs- und Küstenangeln

Das ideale Einstiegsgewässer ist meiner Meinung nach ein recht kleiner See, von dessen Ufer aus man beim Auswerfen jede Angelstelle erreichen kann. Daraus wird schon ersichtlich, dass das Meer sicherlich nicht gerade perfekt für Einsteiger ist. Aber irgendwann beginnen vielleicht auch Sie mit dem Meeresangeln. Dies bietet sich vor allem im Urlaub an, oder Sie leben gar in Meeresnähe. Welcher Angler kann schon dabei zusehen, wie andere Fische fangen, während man selbst nur Hafenspaziergänge macht? Nein, gerade an Nord- und Ostsee, am Atlantik und natürlich auch im Mittelmeer werden für Urlauber täglich Ausfahrten angeboten, und das macht den Urlaub aus der Sicht des Anglers dann meist erst zu einem gelungenen Urlaub!

Wenn Sie Angler sind und einen Familienurlaub an der Ostsee gebucht haben, ist es wahrscheinlich schon um Sie geschehen, denn auf den abendlichen Strandspaziergängen mit der Familie sieht man sie überall: die Brandungsangler. Die langen Ruten ragen hoch in den Himmel, und mancher Angler ist gerade mitten im Drill. Schon spüren auch Sie die Lust, es hier mal zu probieren. Schnell ist der nächste Urlaub gebucht, und diesmal haben Sie natürlich die Ruten mit im Gepäck.

An starkem Gerät kommen Sie beim Brandungsangeln nicht vorbei. Das liegt daran, dass Sie Wurfweiten von 80–140 Metern erreichen müssen. Dafür benötigen Sie spezielle Brandungsruten, die eine Länge von 3,90–4,20 Metern haben. Das Wurfgewicht dieser Ruten beträgt 100–250 Gramm. Solche Ruten werden auch als Zweihandruten bezeichnet, weil der Handteil so lang ist, dass man bequem mit beiden Händen zugreifen kann. Brandungs-

ruten haben eine durchgehende Aktion, um das Erreichen der nötigen Wurfweiten sicherzustellen. Trotzdem sind die Rutenspitzen sehr sensibel, damit eine gute Bisserkennung möglich ist. Als Rutenablage empfehle ich ausschließlich stabile Dreibeine. Nur diese Rutenhalter sind wirklich jeder Angelsituation gewachsen.

Dieser Angler hat ein paar erfolgreiche Stunden hinter sich.

Auch die Rollen sollten stark sein, daher empfehle ich große, kräftige Stationärrollen mit einem Mindestfassungsvermögen von 20 Metern 0,40-Millimeter-Schnur. Die Schnur selbst sollte monofil sein und einen Durchmesser von mindestens 0,35 Millimeter haben. Für einen Wurf von über 100 Meter Länge sind sehr schwere Bleie nötig. Dadurch entsteht ein gewaltiger Zug auf die Schnur. Unter normalen Umständen würde die Schnur bei einem solchen Gewaltwurf reißen. Aus diesem Grund müssen Sie eine Schlagschnur verwenden, die ebenfalls monofil sein sollte, jedoch mit einem Durchmesser von 0,60 Millimeter. Die Länge der Schlagschnur sollte zwischen sechs und acht Metern liegen. Wichtig ist, dass Sie beim Auswerfen einige Wicklungen Schlagschnur auf der Spule haben. Schlag- und Hauptschnur verbindet man durch den so genannten Blutknoten. Dieser Knoten ist der Topknoten zum Verbinden zweier verschiedenartiger Schnüre. Eine Bindeanleitung und eine Zeichnung finden Sie im entsprechenden Kapitel über Knoten (siehe Seite 34 ff.).

Das Blei muss mindestens 140 Gramm wiegen. Bei stark auflandigem Wind sollten Sie sogar zu Bleien bis 250 Gramm greifen. Die birnenförmigen Weitwurfbleie, die überall im Handel erhältlich sind, befestigt man an einem starken, salzwasserbeständigen

Karabinerwirbel am Ende der Schlagschnur. Bei starker Strömung rate ich Ihnen aber zur Verwendung eines Krallenbleis. Solche Bleie setzen sich sehr gut am Gewässerboden fest, wodurch Ihre Montage sicher dort liegen bleibt, wo Sie sie auch hingeworfen haben.

Oberhalb des Bleis werden zwei Seitenarme montiert, die auch Mundschnüre genannt werden. Sie sind das, was wir im Süßwasser als Vorfach bezeichnen würden. Diese Seitenarme sind – wie auch im Süßwasser – 0,05 Millimeter dünner als die Hauptschnur. Also mindestens 0,30 Millimeter, je nachdem wie stark Ihre Hauptschnur ist. Es ist bei dieser Art des Angelns besonders wichtig, dass das Vorfach dünner als die Hauptschnur ist, weil ansonsten die Gefahr besteht, dass die Hauptschnur vor der Schlagschnur reißt. Im schlimmsten Fall muss dann der Fisch sein restliches Leben lang die gesamte Schlagschnur und das schwere Blei mit sich herumschleppen. An das Ende der Vorfächer kommen Haken der Größe 2 bis 1/0. Gegebenenfalls sollten Sie auf den Mundschnüren farbige Perlen montieren, allerdings ist dies abhängig vom Gewässer. Erkundigen Sie sich bei einheimischen Anglern oder in Geschäften vor Ort. Die Vorfächer können unterschiedlich lang sein. Bei ruhiger See dürfen Sie Längen von einem Meter verwenden, bei bewegter See sollte die Länge zwischen 35 und 40 Zentimetern liegen.

Auch Dorsche lassen sich in der Brandung fangen.

Als absoluter Topköder stellt sich meist der Wattwurm heraus. Wattwürmer können Sie an der Küste selber sammeln oder aber im Handel kaufen. Damit die Würmer bei den notwendigen Gewaltwürfen nicht vom Haken fallen, werden

sie mit einer langen, dünnen Ködernadel aufgezogen. Gelegentlich wird auch der Seeringelwurm als Köder verwendet.

Lassen Sie mich an dieser Stelle noch einmal kurz zusammenfassen: Für das Angeln in der Brandung benötigen Sie schweres Gerät. Ruten mit Wurfgewichten von 100–250 Gramm und einer Länge von 3,90–4,20 Metern sind notwendig. Die Bleie müssen abhängig vom Wetter zwischen 140 und 250 Gramm gewählt werden. Durch diese hohen Bleigewichte ist eine Schlagschnur zwingend erforderlich, die einen Durchmesser von 0,60 Millimeter haben sollte. Als Rutenständer kommt nur ein Dreibein in Frage, da diese Geräte absolut stabil stehen.

Die meisten Fische, die beim Brandungsangeln erbeutet werden, sind verschiedene Plattfische und Dorsche. Eine viel versprechende Angelzeit ist das Angeln bei bewegter See oder die Zeit kurz nach dem Abklingen eines stärkeren Windes. Die beste Beißzeit ist die Dämmerung, deshalb sollten Sie auch immer eine Kopflampe dabei haben. Suchen Sie nach Stellen mit unterschiedlichem Gewässergrund. Hier werfen Sie Ihren Köder aus – und zwar so weit es geht. Die Rute muss so auf dem Dreibein abgelegt werden, dass sie steil nach oben zeigt. Straffen Sie nun die Schnur so lange, bis Sie merken, dass das Blei über den Grund rutscht. Auf diese Weise halten Sie große Mengen der Schnur über dem Wasserspiegel, wodurch weniger Wellendruck auf die Schnur einwirkt.

Die Bisserkennung erfolgt über die Bewegung der Rutenspitze. Bei stetiger Aktion sollten Sie kräftig anschlagen. Die Fische müssen so schnell wie möglich aus dem Wasser gedrillt werden, damit sie nicht die Möglichkeit haben, sich hinter Steinen oder Pflanzen festzusetzen. An der Küste werden die Fische meistens mittels der Technik des Strandens gelandet. Am besten nutzt man hierfür die Wellenbewegung so aus, dass der Fisch sanft am Strand zum Liegen kommt.

Immer beliebter wird das Watfischen auf Meerforellen, das am besten auf kiesigem oder steinigem Untergrund funktioniert. Zum Watfischen läuft man weit ins Meer hinaus und betreibt von dieser Position aus Spinnfischen. Hierfür ist natürlich eine Wathose nötig. Als Köder dienen schlanke Meerforellen-Blinker oder Küstenwobbler. Neben der Meerforelle werden so auch Dorsche und Hornhechte erbeutet. Zum Watfischen benötigen Sie einen Kescher. Im Handel werden spezielle Watkescher angeboten, die man an der Kleidung befestigen kann, wodurch man mobil bleibt.

Meeresangeln ist sicher etwas ganz anderes als das Angeln, das Sie vielleicht von Ihrem Vereinssee her kennen. Mit Sicherheit wird Ihnen aber das Angeln am Meer viel Spaß bereiten. Viele tausend Angler, die jedes Jahr mindestens ein Mal die Küste besuchen, können sich schließlich nicht irren.

Angeln vom Kutter aus

Möchte man mit dem Meeresangeln beginnen, empfehle ich eindeutig eine Ausfahrt mit dem Kutter. Diese Ausfahrten werden in allen Küstenorten angeboten und haben mehrere Vorteile. Der erste Vorteil ist das Gerät, das Sie meist ziemlich unbürokratisch vor Ort ausleihen können. Das heißt, Sie müssen nicht gleich für die erste Probefahrt eine Meeresausrüstung kaufen. Der zweite Vorteil ist die Besatzung an Bord, denn hier wird Ihnen alles genau erklärt. Die Kutterkapitäne sind außerdem sehr erfahrene Seeleute, die genau wissen, wo der Fisch steht. Der Dorsch ist sicher der optimale Einsteigerfisch in Sachen Meeresangeln, denn bei einer Dorschfahrt mit gutem Kapitän geht eigentlich kein Angler leer aus.

Kommen wir also zur richtigen Ausrüstung für das Pilken. Die Bezeichnung Pilken kommt vom Dorschköder Nummer eins, dem

Pilker, einem Kunstköder, den man mit dem Blinker im Süßwasser vergleichen kann. Er ist jedoch deutlich schlanker als der Blinker, aber trotzdem viel schwerer. Leichte Pilker wiegen ungefähr 50 Gramm. Schwere Pilker können bis über 200 Gramm wiegen. Selbstverständlich gibt es auch die Pilker in allen erdenklichen Farben. In Geschäften an der Küste wird Ihnen jedoch meist die Farbe „Orange-Silber" als Topfarbe angeboten.

Die so genannten Pilk-Ruten haben meist eine Länge von etwa drei Metern, können aber zwischen 2,70 und 3,60 Metern lang sein. Für Ihre erste Ausfahrt rate ich Ihnen zu einem kürzeren Modell, da es schon schwer genug ist, plötzlich auf einem schwankenden Boot auszuwerfen. Später können es ruhig längere Ruten sein, denn damit kann man weiter auswerfen.

Der Kutter bringt uns sicher zum Fisch.

Die Angelrolle beim Meeresangeln sollte vor allem salzwasserfest sein. Natürlich muss man auch hier eine recht stabile Rolle – eine starke Stationärrolle reicht bereits völlig aus – verwenden, die außerdem über eine Schnurfassung von etwa 200 Metern monofiler Schnur verfügen sollte. Häufig werden Multirollen eingesetzt, was aber an sich nicht nötig ist. Zudem müssten Sie sich gewaltig umstellen, wenn Sie vorher noch nie mit einer Multirolle gefischt haben. Auch bei dieser Art des Angelns empfehle ich monofile Schnüre, allerdings sollten Sie darauf achten, dass die Schnur

eine gut sichtbare Farbe hat. Meist werden die Salzwasserschnüre in den Farben Gelb, Rot oder Grün angeboten. Durch den Einsatz von farbigen Schnüren erleichtern Sie sich selbst, aber auch Ihrem Nachbarn auf dem Kutter, das Erkennen des Schnurverlaufs im Wasser. Als Durchmesser für die Schnur empfiehlt sich 0,40 Millimeter.

Zusammenfassend sind für das Angeln im Meer vor allem folgende Dinge wichtig: Sie benötigen meist anderes Gerät als im Süßwasser, wobei Sie vor allem auf Salzwasserbeständigkeit achten müssen. Dies gilt auch für das weitere Zubehör – also vor allem für Drillinge, Sprengringe und Wirbel. Ich schlage Ihnen daher vor, beim ersten Ausflug ins Meeresangeln Ihr Gerät zu leihen. Sollten Sie nach dem ersten Ausflug entscheiden, häufiger im Meer zu angeln, können Sie immer noch eigenes Gerät kaufen. Suchen Sie für den Kauf am besten einen Händler an der Küste auf, denn hier werden Sie wahrscheinlich gut beraten.

Der erste Dorsch ist bereits gelandet!

Die Saison beim Dorschpilken ist zweigeteilt, was sich in erster Linie bei der Angeltiefe bemerkbar macht. Im Sommer und im Winter müssen Sie Ihre Pilker in Tiefen von 20–30 Metern anbieten. Im Frühjahr und im Herbst findet man die Dorsche jedoch in Tiefen von 8–15 Metern vor. Die unterschiedlichen Tiefen haben natürlich Einfluss auf Ihre Ködergewichte. So erreicht man Tiefen von 8–15 Metern mit Pilkern der Gewichtsklasse 50–100 Gramm. Für größere Tiefen benötigen Sie jedoch Köder von 120–180 Gramm.

Der Kutterkapitän versucht meist, jedem Angler die gleichen Chancen zu ermöglichen. Aus diesem Grund wird das Boot am Angelplatz nach einer gewissen Zeit gedreht. Somit fischt jeder Angler einmal

mit Abdrift und einmal mit Andrift. Abdrift bedeutet, dass der Köder vom Boot wegtreibt. Hier sollten Sie den Köder einfach an der Bordwand herunterlassen, um ihn dann abtreiben zu lassen. Auf der Andriftseite treibt der Pilker dagegen irgendwann unter das Boot, aus diesem Grund wird der Köder auf dieser Seite auch leicht ausgeworfen. Die Andriftseite bringt meist mehr Fisch, weil der Köder auf dieser Seite schneller in der notwendigen Angeltiefe ist als die Pilker der Angler, die gerade die Abdriftseite befischen. Die dritte mögliche Angelsituation sieht so aus, dass der Kutter auf den Dorsch zutreibt. Hier gilt es, so weit wie möglich auszuwerfen, da der Schatten des Bootes eine recht große Scheuchwirkung auf die Dorsche ausübt. In diesem Fall sind dann die Angler mit längeren Ruten deutlich im Vorteil. In allen drei Angelsituationen muss der Pilker in Grundnähe geführt werden. Sie sollten dabei dem Köder auf jeden Fall Bewegung verleihen. Dies erreichen Sie durch einfache Bewegungen mit der Rutenspitze. Auf der Abdriftseite ermöglichen Sie das Köderspiel durch Abstoppen der Schnur, wodurch der Pilker eine Abdriftpause macht, bis Sie erneut Schnur geben.

Solch eine große Scholle ist leider eher ein Zufallstreffer.

Neben dem Pilker werden noch verschiedene Beifänger benutzt. Diese Beifänger werden an den Seitenarmen der Montage angebracht. Gerade am Anfang empfehle ich Ihnen jedoch, lieber nur mit Pilker zu fischen oder eben maximal einen Beifänger zu verwenden. Sollten Sie einen Beifänger verwenden, schlage ich einen Twister der Farbe Rot oder Schwarz vor.

Ist es dann soweit, dass Sie einen Fisch gehakt haben, müssen Sie ihn nach oben pumpen. Das geschieht, indem Sie die Rute nach oben heben und dann wieder ablassen. Beim Ablassen wird immer wieder Schnur aufgekurbelt. Auf diese Weise gewinnen Sie nach und nach mehr Schnur, bis der Fisch an der Oberfläche erscheint.

Kleinere Dorsche können einfach an der Schnur an Bord gehoben werden. Die Größeren werden mit einem Landehaken, dem so genannten Gaff, gelandet. Auf dem Kutter geht das so vor sich, dass Sie nur nach dem Gaff rufen müssen und schon erscheint ein Besatzungsmitglied, um Ihnen zu Hilfe zu eilen.

Auch Makrelen sind sehr beliebte Meeresfische.

Makrelenkutter sind zwar seltener als die Dorschkutter, funktionieren aber ganz ähnlich. Für das Makrelenangeln wird ein so genanntes Paternostersystem verwendet. Dabei handelt es sich um eine Montage, die über vier bis sechs Anbissstellen verfügt. Diese Anbissstellen sind Haken, die mit bunten Federn versehen und über Seitenarme montiert sind. Solche bunten Montagen reizen die Makrelen gewaltig. Erwischt Ihr Kapitän einen dichten Makrelenschwarm, kommt es häufig vor, dass Sie gleich mehrere Makrelen auf einmal aus dem Meer ziehen!

Im Mittelmeer wird ebenfalls viel geangelt. Das hängt sicher auch damit zusammen, dass das Mittelmeer ein beliebtes Urlaubsziel ist. Im Sommer herrschen im Mittelmeer Wassertemperaturen von 20–27 °C, im Winter sind es immer noch 12–17 °C. Selbstverständlich wachsen unter diesen Bedingungen auch viele schöne Fische heran. Wenn man dann noch den Fischern beim Einholen der Netze zuschaut, ist bald schon der Einstieg ins Meeresangeln zu erwarten. Natürlich funktioniert das Angeln in solchen Gewässern wieder etwas anders, schließlich ist auch mit anderen Fischen zu rechnen: Großmakrelen in Spanien, Blauflossen-Thunfische in Italien und mit etwas Glück sogar Schwertfische; das alles

und noch viel mehr bietet das Mittelmeer. Allerdings sollte man das Meeresangeln nicht mit Fischen solchen Kalibers beginnen. Aber wer einmal damit angefangen hat, wird früher oder später beim so genannten Big Game, also den wirklich kapitalen Meeresarten, landen.

Im Mittelmeer und Atlantik können Sie also den richtig großen Brocken nachjagen. An der spanischen Küste finden Sie verschiedene Großmakrelen und mit etwas Glück sogar Schwertfische. Allerdings sind die Chancen auf Schwertfisch nur von Juni bis August gegeben und auch dann ist Glück dabei. In Italien haben Sie die Möglichkeit, den riesigen Blauflossen-Thunfischen nachzustellen. Diese Fische erreichen durchaus Gewichte von 300 Kilogramm. Allerdings sollten Sie sich zuerst mit Dorsch & Co. anlegen, denn bei diesen wird Ihnen der perfekte Einstieg in das Meeresangeln geboten.

Der Köhler wird wohl wegen seines vorzüglichen Geschmacks auch Seelachs genannt.

Der Anfänger sollte es am Mittelmeer auch einmal mit einer Angeltechnik der Einheimischen probieren: das Angeln mit der Treibschnur. Hierbei wird der Haken direkt an die Hauptschnur geknotet. Zusätzlich können in der Art des Paternostersystems zusätzliche Anbissstellen montiert werden. Wie der Name schon sagt, lässt man die Montage einfach in der Strömung treiben. Auf diese Weise werden Fische erbeutet, die im Oberflächenbereich vorkommen. Hierzu zählen unter anderem Meerbrassen, Meeräschen oder Wolfsbarsche.

Jetzt wollen Sie bestimmt schon raus aufs Meer! Trotzdem sollten Sie sich noch ein paar Dinge vor Ihrer ersten Kutterausfahrt besorgen: Achten Sie auf wetterfeste Kleidung. Der Wind auf See ist grundsätzlich viel stärker, als das im Hafen vielleicht noch aussieht. Und nehmen Sie vorsichtshalber ein Medikament gegen Seekrankheit ein. Achten Sie beim Angeln unbedingt auf Ihre Mitangler. Der Platz an Bord kann recht knapp bemessen sein – hier kann schnell mal ein Schnurwirrwarr entstehen. Noch schlimmer ist jedoch, wenn Sie beim Auswerfen versehentlich einen Mitangler haken. Das Angeln beginnt übrigens erst, wenn gehupt wird, und ist beim Ertönen des Signals auch sofort wieder einzustellen. Auf jeden Fall sind Sie auf einem Kutter für Ihren ersten Meeresausflug zum Angeln genau richtig. Die erfahrenen Kapitäne bringen Sie sicher zum Fisch, und die Mannschaft beantwortet Ihnen gern jede Frage. So werden Sie perfekt ins Meeresangeln eingeführt.

Die richtige, dem Wetter angepasste Bekleidung ist auf See absolut notwendig.

GLOSSAR

Abhakmatte: Gepolsterte Matte auf der der Fisch abgelegt werden kann.

Anfüttern: Fische durch das regelmäßige Einbringen von Futter an einen bestimmten Angelplatz gewöhnen.

Bissanzeiger: Dient dem Angler zum Erkennen der Köderaufnahme durch einen Fisch.

Blinker: Löffelförmiger Kunstköder aus Metall, der für einen Raubfisch einen Beutefisch imitieren soll.

Boilie: Karpfenköder, der aus verschiedenen Mehlen und Eiern besteht und gekocht wird.

Brandungsruten: Auch als Zweihandruten bezeichnete schwere Angelruten für das Brandungsangeln.

Dreibein: Dient der sicheren Ablage von Angelruten.

Drill: Das langsame Ermüden des Fisches, um den Fang sicher landen zu können.

Durchlaufblei: Ein Blei, das gelocht ist, damit die Schnur durch das Blei laufen kann.

Feederrute: Spezielle Angelrute für das Grundangeln mit Futterkorb.

Fertigvorfach: Komplettes Vorfach mit Haken, meist mit einer Schlaufe zum Einhängen in einen Karabiner.

Fischtöter: Hilfsmittel, das zum waidgerechten Betäuben gefangener Fische dient.

Frontbremse: Am Kopf der Angelrolle angebrachte Bremse.

Futterballen: Zusammen mit Wasser zu einzelnen Klumpen geformtes Futter.

Futterkorb: Dient dem Anlocken der Fische.

Gaff: Gerät mit eisernem Haken zum Landen größerer Fische bei der Meeresfischerei.

Grundangeln: Köder wird am Gewässergrund angeboten.

Grundblei: Wird auf der Schnur befestigt, um den Köder auf den Grund zu bringen.

Gummifisch: Nachbildung von Beutefischen, die als Kunstköder eingesetzt werden.

Hakenlöser: Hilfsmittel, das das Lösen des Hakens aus dem Maul des Fisches erleichtert.

Heckbremse: Am hinteren Teil der Angelrolle angebrachte Bremse.

Jigkopf: Ein mit einem Bleikopf beschwerter Haken, der in alle Gummiköder eingesetzt werden kann.

Karabinerwirbel: Wirbel mit einem Einhänger aus Metall (Karabiner).

Knicklicht: Durchsichtiges, mit chemischen Substanzen gefülltes Kunststoffröhrchen. Wird es geknickt, vermischen sich die Substanzen und beginnen zu leuchten.

Köderfisch: Kleiner Fisch, der als Köder für Raubfische verwendet wird.

Krallenblei: Grundblei mit kleinen metallischen Krallen zur besseren Bodenhaftung.

Kunstköder: Alle Köder, die aus Kunststoff, Metall oder Holz gefertigt sind.

Lotblei: Verwendung eines Bleis zum Messen der Gewässertiefe.

Monofilschnur: Angelschnur, die aus nur einem einzigen Faden, meist Nylon, besteht.

Montage: Zusammenstellung von Haken, Vorfach, Blei und gegebenenfalls Pose, die je nach Angeltechnik unterschiedlich ist.

Multifilschnur: Angelschnur, die aus vielen verschiedenen Fäden geflochten wird.

Multirolle: Wird nur bei extrem hohen Belastungen benutzt und spult die Schnur ohne Umlegung direkt auf die Spule.

Mundschnüre: Eine Art von Vorfach, das als Seitenarm beim Meeresfischen verwendet wird.

Öhrhaken: Alle Haken, die ein Öhr haben, an dem die Schnur befestigt wird.

Partikel: Alle kleinen Köder wie Mais, Hanf oder Nüsse.

Paternostersystem: System mit mehreren Anbissstellen, die über verschiedene Seitenarme montiert sind.

Pilker: Kunstköder beim Meeresangeln, der einem Blinker ähnelt, aber meist schlanker ist.

Plättchenhaken: Haken, an dem die Schnur an einer flachen Verbreiterung, dem so genannten Plättchen, angeknotet wird.

Popper: Wobbler, der ausschließlich für das Angeln an der Oberfläche verwendet wird.

Pose: Bissanzeiger, auch als Schwimmer bezeichnet. Zeigt durch Abtauchen den Anbiss eines Fisches an.

Posenangeln: Angeltechnik mit Pose, bei der der Köder in jeder beliebigen Angeltiefe angeboten werden kann.

Rutenaktion: Ist die Art, wie sich die Angelrute unter Belastung durchbiegt.

Rutenständer: Dient zur sicheren Ablage der Angelrute während des Angelns.

Schlagschnur: Eine der Hauptschnur vorgeschaltete Schnur, die über Hindernissen verwendet wird, um Schnurbruch vorzubeugen.

Schnurdehnung: Angelschnüre besitzen unterschiedliche Dehnbarkeiten. Multifile Schnüre haben die geringste Dehnung.

Schnurfangbügel: Dient dem gleichmäßigen Aufspulen der Schnur. Er wird beim Auswerfen von Hand umgeklappt, um die Schnur ungebremst freizugeben.

Schnurfassung: Menge von Schnur, die auf eine Spule passt; ist auf der Spule angegeben.

Schnurlaufröllchen: Kleines Röllchen am Schnurfangbügel, über das die Angelschnur läuft.

Schrotblei: Kleine, gespaltene Bleikügelchen, die zur Gewichtserhöhung auf die Schnur geklemmt werden.

Schwingspitze: Wechselspitze bei Angelruten, die als Bissanzeiger dient.

Security-Rig: Montage beim Karpfenangeln, bei der das Blei so angebracht ist, dass es sich bei Belastung sicher lösen kann.

Selbsthakmontage: Festbleimontage; flüchtet der Fisch mit Köder, schwimmt er gegen das Festblei und hakt sich selbst.

Spinner: Künstlicher Metallköder, bei der sich ein löffelartiges Spinnerblatt um eine Achse dreht.

Spinnfischen: Aktives Befischen großer Gewässerstrecken mit verschiedenen Kunstködern.

Spule: Teil der Angelrolle, auf dem sich die Schnur befindet.

Stationärrolle: Angelrolle mit quer zur Wurfrichtung sitzender Spule.

Steckrute: Mehrteilige Angelrute zum Zusammenstecken.

Teleskoprute: Angelrute, die teleskopartig zusammen- und auseinandergezogen wird.

Twister: Gummiköder mit Wackelschwanz.

Vorfach: Verbindungsstück zwischen Haken und Hauptschnur, das als Sollbruchstelle immer etwas dünner als die Hauptschnur ist.

Waggler: Schlanke Pose, die nur am unteren Ende eine Schnurführung besitzt.

Weißfische: Kleinere Friedfische wie Brachsen und Rotauge.

Wirbel: Kleines Metallstück mit zwei frei beweglichen Ösen, um das Verdrallen der Schnur zu verhindern. Dient zur Verbindung von Vorfach und Hauptschnur.

Wobbler: Kunstköder aus Holz oder Kunststoff, der einen Beutefisch imitiert und unterschiedliche Tauchtiefen erreicht.

Wurfgewicht: Gibt an, welches Gewicht Montage und Köder gemeinsam haben sollten, um die optimale Wurfeigenschaft einer Angelrute zu erreichen.

Zitterspitze: Feine Wechselspitze einer Angelrute, die der Bissanzeige dient.

WICHTIGE ADRESSEN FÜR ANGLER

Deutschland
Verband Deutscher Sportfischer e.V. (VDSF)
Siemensstr. 11–13
63071 Offenbach am Main
Tel.: (0 69) 85 50 06
www.vdsf.de

Deutscher Anglerverband e.V. (DAV)
Weißenseer Weg 110
10369 Berlin
Tel.: (0 30) 97 10 43 79
www.anglerverband.com

Handicap Anglerverband in Deutschland e.V. (H.A.D.)
Grellstr. 6 b
10409 Berlin
Tel.: (0 30) 42 80 11 56
www.handicap-anglerverband.com

Österreich
Verband der Österreichischen Arbeiter-Fischerei-Vereine (VÖAFV)
Lenaugasse 14
1080 Wien
Tel.: (01) 4 03 21 76
www.fischerei.or.at

Schweiz
Schweizer Fischerei-Verband (SFV)
Seilerstrasse 27
3011 Bern
Tel.: (0 31) 9 71 67 81
www.sfv-fsp.ch

Internet

www.angeln.de

www.angelplatz.de

www.angelsuchmaschine.de

www.angelwelt.de

www.anglerboard.de

www.anglerverband.de

www.blinker.de

www.carpmirror.de

www.cipro.de

www.deutscherhechtangler-club.de

www.fische.de

www.fischerpruefung.de

www.fischerweb.ch

www.fischundfang.de

www.hechtsprung.de

www.raubfisch.de

www.ruteundrolle.de

REGISTER

Bildnachweis

Franz Bindl: 40
Frank Brodrecht: 83
Michael Dormer: 67
Kay Elzner: 30, 32, 33 o., 34 l., 44 u., 78 o., Kolumnenbilder 30–34
Thomas Gretler: 24, 28, 42, 47, Kolumnenbilder 41–51
Jan Gutjahr: 16, 38, 39, 41 o., 44 o., 60, 64, Kolumnenbilder 8–29, 52–68
Andreas Janitzki: 11, 45 o., 65, 76
Thorsten Löw: 21, 35, 43, 52, 61, 68 o., 87, 88, 89, 92, Kolumnenbilder 82–92
Jörg Schneider: 3
Wolfgang Schulte: 84, 90, 91
Silke Sigloch: 6, 7, 8, 9, 10, 12, 13, 14, 15 (2), 17, 18, 19 (2), 20, 22, 23, 26 (2), 27, 29 (2), 31, 33 u., 34 r., 36, 37, 41 u., 45 u., 46, 48, 49 (2), 50, 51, 53 (2), 54 (2), 55 (2), 56 (2), 57, 58 (2), 59, 62, 66, 68 u., 69, 70, 71, 73, 74, 75, 77, 78 u., 79, 80, 81 (2), Kolumnenbilder 4–7, 35–40, 69–81, 93–96